W0196752

Sabine Kley
Zwischen Huhn und Himmel

Sabine Kley

Zwischen Huhn und Himmel

**Begegnungen mit Gott im Hühnerstall –
Eine Pfarrfrau erzählt**

Mit Illustrationen von Anika Beer

neukirchener
aussaat

Diese Buch wurde auf FSC®-zertifiziertem Papier gedruckt,
FSC (Forest Stewardship Council ®) ist eine nichtstaatliche,
gemeinnützige Organisation, die sich für eine ökologische und
sozialverantwortliche Nutzung der Wälder unserer Erde einsetzt.

Bibliografische Information der Deutschen Nationalbibliothek

Die Deutsche Nationalbibliothek verzeichnet diese Publikation in der Deutschen

Nationalbibliografie; detaillierte bibliografische Daten sind im Internet über

http://dnb.d-nb.de abrufbar.

Alle verwendeten Bibelstellen sind der Lutherbibel, revidierter Text 1984, durchgesehene Ausgabe,

© 1999 Deutsche Bibelgesellschaft, Stuttgart, entnommen.

2. Auflage 2014

© 2013 Neukirchener Verlagsgesellschaft mbH, Neukirchen-Vluyn

Alle Rechte vorbehalten

Umschlaggestaltung: Andreas Sonnhüter, Niederkrüchten,

unter Verwendung eines Bildes von © rasani design, Anika Beer, Leipzig

Lektorat: Nadine Weihe, Hille

DTP: Daniel Raßbach, rasani.de

Verwendete Schriften: ITC New Baskerville LT, Profile

Gesamtherstellung: CPI books, Ebner & Spiegel, Ulm

Printed in Germany

ISBN 978-3-7615-6058-7 Print

ISBN 978-3-7615-6059-4 E-Book

www.neukirchener-verlage.de

Inhalt

Einleitung 7

Kapitel 1: Ein erschreckendes Geschenk 8

Wie ein nasser Sack 10

Kapitel 2: Was du nicht ändern kannst, das lerne zu lieben .. 11

Sturm 14

Kapitel 3: Hagelsturm 15

Dazwischen 17

Kapitel 4: Umzug 18

Kapitel 5: Maxi auf Entdeckungsreise 21

Herbstimpressionen 25

Kapitel 6: Einzug ins neue Heim 26

Pulsierendes Leben 28

Kapitel 7: Morgenstund' hat Gold im Mund oder:
Der batterielose Weckdienst 29

Morgenstimmung 32

Kapitel 8: Willkommen in der Hühnerfamilie! 33

Kapitel 9: Ein Hahn im Arm hält warm 36

Loslassen 39

Kapitel 10: Von einer Hand in die andere Hand 40

Notwendiges Abschiednehmen 42

Kapitel 11: Abschiedsschmerz und Neuzugang 44

Was hilft in Notzeiten? 47

Kapitel 12: Kino 48

Kapitel 13: Thriller 50

Kapitel 14: Gefühlsduselei 53

So wie ich bin 56

Kapitel 15: Das neue Vier-Mädel-Haus 57

Gottes Spuren entdecken 59

Kapitel 16: Spaziergang mit meinen Ladys 60

Kapitel 17: Weihnachtsmäuschenwinter 64

Vom Dunkel ins Licht 66

Kapitel 18: Jahresanfang und ein verschwundenes Huhn ... 68

Kapitel 19: Leichter in den Himmel 72

Häng dich doch dran! 74

Kapitel 20: Herzblutschmerz 75

Befreiend 77

Kapitel 21: Integration oder: Wie bringe ich zwei

Generationen unter ein Dach? 78

Misstöne, die zu einem Gotteslied werden können 83

Kapitel 22: Generationenkonflikt 84

Neuer Mut 86

Kapitel 23: Wertschätzung – Nix gesagt ist genug gelobt 87

Kapitel 24: Sieben Hühner und ein Ei 89

Kapitel 25: Rutschige Angelegenheiten und

schwindelnde Höhen 91

Der Spezialist der Täler 95

Kapitel 26: Keine Hochzeit und ein Todesfall 96

Kapitel 27: Huhn und Himmel 99

Mit dir durchs Leben 100

Kapitel 28: Schneeberge, Winterdienst und vier Eier 101

Stürmische Winterzeiten 103

Kapitel 29: Zuwachs 104

Kapitel 30: Schneegeheimniserlebnisse 106

Adventliche Besinnungslosigkeit 109

Kapitel 31: Ausgetrixelt 111

Kapitel 32: Freilaufgehege-Impressionen 114

Mein Hirte 116

Nachwort 117

Einleitung

Hühner sind Geschöpfe aus der großen Hand Gottes. Schon in der Arche Noah waren sie dabei, denn von jeder Tierart befand sich ein Paar darin.

In den Geschichten von meinen Hühnern geht es nicht um eine Bibelarbeit oder um die neusten Forschungsergebnisse produktiver Hühnerhaltung. Es geht vielmehr um besondere Erlebnisse mit Hühnern: Beim genauen Hinschauen hielten mir meine Hühner nämlich manches Mal einen Spiegel vor und erinnerten mich an Aussagen der Bibel. Und beim aufmerksamen Beobachten stolperte ich immer wieder über unerwartetes Verhalten dieser Tiere, sodass ich darüber laut lachen musste oder auch mal nachdenklich wurde.

Im Juli 2004 hat alles mit der Hühnerei begonnen, von der ich auf den folgenden Seiten erzähle. Zu meinen Hühnergeschichten habe ich immer wieder Meditationstexte verfasst, die Aussagen über Gott und meinen Glauben an ihn von einem anderen Blickpunkt aus auf den Punkt bringen und Sie einladen, über das Gelesene nachzudenken.

Möge Ihnen durch meine erzählten Erlebnisse wieder neu bewusst werden, welche Schätze in den alltäglichen Begebenheiten liegen, wenn wir sie als Gottes Geschenke annehmen.

Nun lassen Sie sich zu meinem Federvieh mitnehmen und erfahren Sie, wie alles begann.

Kapitel 1

Ein erschreckendes Geschenk

Es begann an einem der 52 Sonntage, die das Jahr so bietet. Eigentlich sollte es ein Tag der Ruhe und Besinnung werden. Normalerweise besuchen wir den Gottesdienst und verbringen den Rest des Tages im trauten Heim. Ein Spaziergang zur Körperertüchtigung ist meist auch angesagt.

Was an diesem besagten letzten Julisonntag anders war? Ich war mal wieder ein Jahr älter geworden. Dies war für mich weiter kein Grund zur Beunruhigung, denn es steht jedem jährlich einmal bevor. Dass aber ausgerechnet an diesem Sonntag die Verabschiedung meines Mannes nach 16-jährigem Wirken in einer großen Gemeinde stattfand, gab diesem Tag ein besonderes Gewicht. Außerdem stand ein Wohnortswechsel bevor. Unsere Kinder mussten neue Schulen besuchen und viele Umzugskartons sollten gepackt werden. Ein neues Pfarrhaus, eine neue Gemeinde, neue Leute warteten auf uns. Würden wir uns schnell einfinden? Würde man uns akzeptieren? Viele Fragen begleiteten uns im Vorfeld.

Nach einem traumhaften Abschiedsgottesdienst wanderten wir mit einem großen Teil der Besucher zu einem kleinen Imbiss in das benachbarte Gemeindehaus. Mein Mann erhielt einige Geschenke mit auf den Weg. Dann passierte etwas, das mein Leben von heute auf morgen veränderte. Vom CVJM bekamen wir einen Hühnerstall mit zwei Hühnern und einem Hahn geschenkt. Da der Kirchturm in dieser Gemeinde keinen Hahn hatte, erhielten wir ihn symbolisch für unseren neuen Wirkungsort. Wir sollten sozusagen den „Stallgeruch" aus der alten Gemeinde in die neue Gemeinde hineintragen. Der Gockel hatte die Menschen für das Evangelium wach zu krähen.

In den meisten Fällen ist eine Geschenkübergabe ganz einfach: Man erhält von jemand anderem ein Geschenk in die Hände gedrückt, dann freut man sich und sagt freundlich Danke. In meinem Fall stand ich wie gebannt da und konnte nicht glauben, was ich sah. Wegen Allergien in unserer Familie hatten wir bisher keine Tiere gehabt, obwohl ich sehr tierlieb bin. Instinktiv nahm ich den Hahn in meine Arme. Noch nie hatte ich Hühner oder einen Hahn angefasst. Wie ich das in meiner Unkenntnis und meinem Schockzustand geschafft hatte, bleibt mir bis heute ein Rätsel. Meine Hausärztin befand sich auch unter den Gästen. Sie sagte mir hinterher, dass ich ganz bleich geworden sei und sie sich gesorgt habe, ich fiele in Ohnmacht. Im Nachhinein war es für mich sehr beruhigend, solche Freunde zur Seite gehabt zu haben.

Trotz allem nahmen wir die beiden Hühner und den Hahn als Geschenk an, auch wenn wir nicht wussten, worauf wir uns da einließen. Als der Hühnerstall samt Inhalt abends in unserem Garten zu besichtigen war, stellten wir nüchtern fest: „Unsere Familie hat sich vergrößert, einfach so, von heute auf morgen."

Geburtstag, Verabschiedung und Hühnerzuwachs – alles an einem Tag. Das passiert nicht jeden Tag. Somit blieb dieser Sonntag ein herausragender gegenüber seinen 51 Brüdern.

Wie ein nasser Sack

Herr, wie ein nasser schwerer Sack
plumpse ich in deine Arme.
Meine ganzen Lasten,
die wie Gewichte an meinen Füßen hängen,
bringe ich mit.

Meine Ängste, Sorgen und Enttäuschungen
kleben auch an mir.
Meine Fragen nach der Zukunft und vielem mehr
halte ich fest unter den Armen.
Meine Träume und Sehnsüchte
belagern meine Hände.

Mit diesem ganzen Ballast
ist es mir fast unmöglich zu laufen –
so torkele ich auf dich zu.
Der Leidensdruck wurde zu groß,
so trete ich diesen schweren Weg an.
Dir bin ich nicht zu schwer, zu belastend oder zu schwierig.
Deine Arme sind nicht zu kurz oder zu schwach,
mich aufzufangen.

Deine Liebe zweifelt nicht an mir
und wirft mich nicht weg.
Deine Augen verachten mich nicht,
sondern ruhen auf mir.
Dein Herz ist nicht verhärtet gegen mich,
sondern es brennt für mich – aus Liebe,
so komme ich zu dir – wie ich bin.
Danke!

Kapitel 2

Was du nicht ändern kannst,
das lerne zu lieben

Wie sollen wir mit Dingen oder Situationen umgehen, die uns überhaupt nicht passen, die aber trotzdem zu unserem Leben gehören?

Die wenigsten von uns werden zu den Mäuseliebhabern gehören. Wir hatten das Vorrecht, in einem jahrhundertealten Pfarrhaus in Großbottwar zu wohnen, wo diese Vierbeiner seit Jahren Stammgäste waren. Ich erinnere mich noch an den Umzug unserer lieben Vorgänger. Im leer gefegten Pfarrhaus fingen wir mit Pappkartons einige der Mäuse, um sie im Garten freizusetzen. Das war ein kleiner Vorgeschmack auf das, was uns bevorstand.

Jeden Herbst, wenn es langsam kälter wurde, die Herbststürme an den Fensterläden rüttelten und die Heizung sich warmlief, raschelte es oben unter der Decke. Jedes Mal lief es mir eiskalt den Rücken hinunter. Jetzt wusste ich: „Sie sind wieder da!" In der mit Hohlräumen versehenen Natursteinmauer flitzten die Mäuse hin und her. Unsere Kinder wurden oft von dem nächtlichen Lärm wach. Sie dachten, diese possierlichen Tierchen neben sich zu haben. Auch mein Schlaf war alles andere als tief und mir war klar, dass die Mäusezeit wieder losging.

Beim Mehlholen in der Speisekammer schauten mich ab und zu dunkle Augen an nach dem Motto: „Hallo, mich gibt's auch wieder". Angefressene Bananen und Äpfel waren Zeugen unserer unerwünschten Hausbewohner.

Eines Tages sahen wir den bedeutenden Film *Mäuse-jagd*. Aus einem abgrundtiefen Hass auf diese Tiere entstand eine tiefe Liebe. Der Film gab mir den Anstoß für die Erkenntnis: „Was du nicht ändern kannst, das lerne zu lieben."

Dieser Gedanke überfiel mich auch plötzlich, als ich Hahn und Hühner an jenem Sonntag vor mir sah. Das Leben gibt uns immer wieder neue Nüsse zu knacken. Auch wusste ich in diesem Moment nicht, was mit den neuen Tieren alles auf mich zukommen würde. Ich war sehr skeptisch und gleichzeitig besorgt. Aber als unsere Kinder diesem uns anvertrauten Federvieh noch Namen gaben, merkte ich, wie langsam eine Beziehung zu den Tieren wuchs. Maxi, Fredi und Liesel waren nicht irgendein Federvieh. Sie wurden zu Familienmitgliedern, die begannen, unser Leben zu verändern. Füttern und Ausmisten gehörten nun zum alltäglichen Geschäft.

Wenn unser Sohn Daniel von der Schule nach Hause kam, entspannte er sich in dem kleinen Freigehege, das mein Mann um das Hühnerställchen herum angelegt hatte. Auch unsere Mädchen Deborah und Esther freuten sich an den neuen Tieren. Freunde der Kinder und unserer Familie kamen zur Besichtigung. Plötzlich wurde unser Garten wieder attraktiv.

Die Übungsversuche, mit unserem Gockel das Krähen zu erlernen, sorgte für allgemeine Heiterkeit. Wir waren voll Freude bei jedem Versuch, den er startete, diesem Ziel näher zu kommen. Als er es endlich geschafft hatte, wussten wir nicht, wer sich mehr freute – er oder wir.

Auch unsere lieben Nachbarn und unsere Mitarbeiter gaben immer wieder kund: „Wir haben Maxi gehört." Dass in der heutigen oft gefühlskalten und beziehungslosen

Gesellschaft zwei Hühner und ein Hahn zu Beziehungen und zu Gesprächen anregen könnten, hätten wir nicht gedacht.

Annehmen, lieb haben und staunen – das steckt an, belebt und lässt neue Kräfte wachsen.

Sturm

Rüttelt an den Fensterläden,
fegt durch die Straßen,
weht gekehrtes Laub durcheinander,
schüttelt die letzten Blätter herunter,
heult durch die Gassen,
klopft an die Fenster,
bringt unruhigen Schlaf,
flößt Kindern Angst ein,
lässt Drachen steigen,
entwurzelt Bäume,
verändert vieles,
beendet die Ruhe,
wühlt auf,
lässt neue Sichtweisen entdecken,
zeigt durch kahle Äste den geöffneten Himmel,
weist auf, was wirklich Bestand hat,
bringt uns zum Festhalten an den,
der jedem Sturm trotzt.

Jesus will durchhelfen
in den Stürmen unseres Lebens,
uns Ruhe schenken mitten im Gewühl.
Oft werfen uns gerade unsere Stürme in seine Arme,
die uns Geborgenheit schenken,
Frieden im Sturm.
Wohl dem, der in ihnen bleibt,
diesen starken Armen
unseres großen Gottes.

Kapitel 3

Hagelsturm

Am 17. Geburtstag unserer Ältesten passierte etwas, das wir nicht so schnell vergessen werden.

Solch einen Festtag inmitten von Umzugskartons zu feiern, war schon eine Herausforderung und von einer besonderen Atmosphäre geprägt. Da nahm eher die Wehmut als die Freude überhand. Der Ort, an dem unsere Kinder einen wesentlichen Teil ihrer Kindheit verbrachten, sollten wir bald verlassen. Und trotzdem hatte Deborah ein Recht, ihre Freunde einzuladen, um Geburtstag und Abschied zu feiern. Gerne begab ich mich an die Vorbereitungen, auch wenn es draußen schwülwarm war. Wir liefen in den dünnsten Kleidungsstücken herum, doch noch immer rann der Schweiß. Unsere Hühner versteckten sich unter ihrem kleinen Ställchen, da die Sonne erbarmungslos auf sie herunterschien.

Plötzlich wurde es von jetzt auf gleich dunkel. Wir dachten an einen Regenguss, stattdessen gab es eines der gewaltigsten Hagelgewitter, das wir je erlebt haben. Unser altes Pfarrhaus hatte Fensterläden, die wir durch den schnellen Aufprall dickster Hagelkörner nicht schließen konnten. Mein Mann war mit unserem Sohn unterwegs, und so musste ich mit unseren beiden Mädchen allein das Haus hüten.

Wir nahmen uns alle drei in die Arme, so erschrocken waren wir. Binnen einer Viertelstunde sank die Außentemperatur um 15 Grad und unser Garten war mit dicken Hagelkörnern weiß übersät, obwohl es August war. Schnell zogen wir dicke Pullis und lange Hosen an. Unser Herz schlug angstvoll, standen wir doch hilflos diesem Unwetter gegenüber. *Fast* hilflos, denn wir wussten, Gott hält uns inmitten dieses Chaos in seiner Hand. Wir beteten auch für unsere Hühner, denen wir nicht helfen konnten.

Nachdem der Hagelschlag vorbei war, schauten wir als Erstes im Garten nach unseren neuen Bewohnern. Gerne hätten wir sie ins Haus geholt, aber leider gibt es noch keine Hühnerpampers. Die Verdauung der Hühner ist nun einmal spontan und hat einen intensiven Geruch.

Das Freigehege war ganz weiß von den Hagelkörnern. Pitschpatschnass saßen unsere drei unter dem Häuschen. Einen richtigen Schutz gab es bei solch einem Unwetter nicht für sie, aber sie hatten es überlebt. Uns fiel ein Stein vom Herzen.

Nicht nur der Umzug musste in den Griff bekommen werden, sondern bei all dem Stress wollten auch noch drei zusätzliche Lebewesen beschützt werden. Gleichzeitig wurde uns klar: Dadurch wurde unser Leben immer spannender.

Dankbar atmeten wir auf. Außer undichten Dachziegeln, die Wasser im Haus an der Wand herunterlaufen ließen, konnten wir keinen größeren Schaden feststellen. Hinterher erfuhren wir von Überschwemmungen in unserem Ort. Auch wurden Weinberge zerstört. Für deren Besitzer, die ihre Zeit und Liebe hineingesteckt hatten, war das ein harter Schlag.

Deborahs Geburtstag wurde ein super Fest. Liebe Freunde kamen. Wir schauten mit ihnen einen nachdenklichen Film an, der zu guten Gesprächen anregte. Es war ein unvergesslicher Tag, eine Mischung aus Freude und Abschied nehmen, Angst und Dankbarkeit. Uns wurde bewusst, dass Gott nicht alle Steine aus dem Weg räumt, uns aber dabei hilft, mit ihnen zu leben, wenn wir ihm das zutrauen.

Dazwischen

Zeit zwischen Abschied und Neubeginn,
Zeit zwischen Furcht und Neugier,
Zeit zwischen entwurzelt und beheimatet,
Zeit zwischen Loslassen und Neuanfangen,
Zeit zwischen Schmerz und Sehnsucht,
Zeit zwischen Traurigkeit und stiller Hoffnung,
Zeit zwischen Sorge und neu Wagen,
Zeit zwischen Spannungen des Abschieds und des Neuanfangs,
Zeit zwischen Illusion und Traumschritten,
Zeit zwischen Kraftlosigkeit und Mut der ersten Schritte,
Zeit zwischen Wagen und Trauen,
Zeit zwischen Rückschritt und Fortschritt,
Zeit zwischen Wollen und Nichtkönnen,
Zeit zwischen Verstehen und Fragen,
Zeit zwischen Verzweifeln und Ermutigen,
Zeit zwischen Altem und Neuem,
Zeit zwischen Bekannten und Unbekannten,
Zeit zwischen Nahem und Fernem.

***Zwischen** den Zeiten, **da** ist Gott,*
der hilft zu verbinden,
der hilft, Angst zu mildern,
der hilft, neu zu beginnen,
der hilft, ihm etwas zuzutrauen,
*der hilft durch – der hilft **dazwischen.***

Kapitel 4

Umzug

Der Tag X war gekommen. Alle Kartons waren gepackt, teils unter Tränen, teils in Erwartung des Neuen, teils unter Schweiß, da es sehr schwül war. So ein Unternehmen ist eine tolle Angelegenheit für die ganze Familie, man hält zusammen und spricht viel miteinander. Was es aber wirklich bedeutet, nach 16 Jahren den Wohnort und Wirkungskreis zu verlassen, wissen nur die, die es durchlebt haben. In dem Fall waren es befreundete Pfarrfamilien, deren Bemerkungen wie „Wir wissen, wie das ist" oder „Kisten zu packen und sich von Dingen zu trennen, kostet Kraft!" sehr guttaten.

Unsere Hühner waren dabei leider keine Hilfe, im Gegenteil, sie waren ja wie kleine Kinder, die versorgt werden mussten. Gleichzeitig genossen wir es, dass wir uns immer wieder zu ihnen gesellen konnten, um zwischendurch abzuschalten.

Dank der Hilfe von Freunden unserer Kinder und einem lieben Nachbarn, der gerade selber seinen eigenen Umzug hinter sich hatte, konnte unser Umzug schnell über die Bühne gehen. Eine noch ungelöste Frage war allerdings, wie wir unser Federvieh an den neuen Wohnort im Schwarzwald transportieren sollten. Bis vor Kurzem war das noch kein Thema gewesen, denn es gab sie da noch nicht. Aber nun mussten wir uns mit diesem Problem auseinandersetzen. Unsere Hühner einfach in Kartons mit der Aufschrift „Aufpassen, lebendige Wesen!" zu packen, war nicht im Sinne des Umzugsunternehmens. Wir mussten also eine andere Lösung finden. Wie dankbar waren wir, dass die Spender unserer Tiere bereit waren, sie uns an unseren neuen Wirkungsort zu bringen.

Nachdem wir schon die erste Nacht in unserem neuen Domizil verbracht hatten, fuhren unsere Umzugswagen von unserem ehemaligen Zuhause unter Kirchglockengeläut um 8.00 Uhr hupend zu unserem neuen Haus. Man hatte uns als Pfarrfamilie schon sehnsüchtig erwartet, denn die Pfarrstelle, die mein Mann zukünftig übernehmen sollte, war ein Jahr vakant gewesen. Und nun erwarteten wir unsere Kartons, um uns in unserem neuen Heim wohnlich einzurichten. Aber noch etwas erwarteten wir – unsere zwei Hühner mit dem Hahn. Dank eines sagenhaften Services trafen sie wohlbehalten am Nachmittag ein. Nun erst war unsere Familie vollständig. Stress hatten die Tiere nur bei der Herfahrt von Großbottwar, ansonsten konnten sie sich herrlich in der wunderbaren Schwarzwaldluft akklimatisieren. Wir dagegen kämpften uns durch unsere Unmengen von Kisten. Wenn Wehmut beim Auspacken aufkam, erfreute es uns immer wieder, eine lebendige Erinnerung an unsere alte Gemeinde durch unsere Hühner zu haben.

In der Anfangszeit sprachen wir abends immer davon, dass wir unsere Hühner „ins Bett bringen" müssten. Das bedeutete, ihr Schlafställchen zu schließen, da es hier viele Marder und Hühnerhabichte gibt. Mit unserer Jüngsten saß ich oft länger vor dem Stall und wir sangen den Hühnern Schlaflieder vor. Das war für Esther eine wunderbare Therapie, den Abschied von unserem vorherigen Zuhause und den Freunden besser zu verarbeiten. So gab es immer ein Ziel, wo wir gemeinsam hingehen und etwas zusammen erleben konnten. Auch mit unseren anderen Kindern ging ich zwischendurch zum Hühnerstall. Sogar beim Ausmisten halfen die Kinder gerne mit.

Vieles hatte sich für uns durch den Umzug geändert, nicht aber unsere vergrößerte Familie. Der Hühnerstall mit seinen Tieren wurde zu einem Ruhepol, der allen guttat. Oft musste ich in dieser Zeit an ein Lied von Dietrich Bonhoeffer denken: „Von guten Mächten wunderbar geborgen, erwarten wir getrost, was kommen mag. Gott ist bei uns am Abend und am Morgen und ganz gewiss an jedem neuen Tag."

Dieser lebendige Gott hatte uns an einen neuen Wirkungsort gerufen. Weil Jesus weiß, was morgen ist, kann ich ihm heute vertrauen und alles Vergangene ihm überlassen.

Kapitel 5

Maxi auf Entdeckungsreise

Nicht nur unter Menschen gibt es Entdeckungsreisende, auch Tiere sind ab und zu von Neugier auf etwas Neues besessen.

Bisher sah ich Hundebesitzer an all meinen Wohnorten mehrmals täglich mit ihren Vierbeinern spazieren gehen. Ich selber bin ein großer Hundeliebhaber. Je größer der Hund, umso mehr zieht er mich an. Diese Leidenschaft verfolgt mich schon seit dem Kleinkindalter.

Sobald ich laufen konnte, lieh ich mir Hunde aus, um sie auszuführen. Angefangen aber hatte meine große Tierliebe mit riesigen Stallhasen, die meine Eltern zu uns nach Hause brachten. War das ein Fest! Ostern war jedes Jahr ein Grund zur Freude, denn da gab es für unsere Familie kleine Häschen. Sie wurden das ganze Jahr von mir gepflegt. Dazu gehörte auch eine Ausfahrt im Puppenwagen. Mit Puppen hatte ich nichts am Hut, ich zog ihnen Vierbeiner vor. Ich fütterte die kleinen Hasen mit frischem Gras und nahm sie auf den Arm.

Der eigentliche Karfreitag fand für mich in meiner Kindheit an Weihnachten statt. Denn an Weihnachten bestand das Essen aus Hasenbraten, der bestens schmeckte, aber mit größter Wehmut verzehrt wurde. Warum ich dieses Fleisch dennoch aß? Vielleicht weil ich wusste, dass ab Ostern alles wieder von vorne losging.

Später begleitete mich 16 Jahre unser Tigerkater Peterle. Als Nächstes traten menschliche Zweibeiner in mein Leben: Unsere drei Kinder kamen zur Welt, und ich erfreute mich an Tieren anderer Leute.

Nach 17 Jahren der Kinderaufzucht, der mein Mann und ich uns mit Begeisterung widmeten, standen nun im neuen Wohnort Marschalkenzimmern zwei Hühner und ein Hahn auf dem Tapet. Ich musste lernen, mit der mir bislang ungewohnten Tierart umzugehen. Hunde konnte ich streicheln und ich wusste einfach, wie sie reagieren, ebenso Katzen durch meine Erfahrungen mit Peterle. Bei einem Spaziergang mit meinem Mann sah ich einmal von Weitem schon einen wunderbaren schwarzen Schäferhund mit Frauchen uns entgegenkommen. Als ich dann die Frau fragte, ob ich ihn streicheln dürfe, akzeptierte ich, als sie es verneinte. Er sei noch sehr jung und würde gerade erzogen. Sie habe aber schon von Weitem erkannt, dass ich keine Angst hätte, und bemerke jetzt auch an ihrem jungen Hund, dass er mich mochte!

Nur mit Hühnern wusste ich erst nicht so recht umzugehen, sie waren mir bisher völlig fremd gewesen. Spazieren zu gehen brauchte ich (erst mal) nicht mit ihnen. Aber nach ihnen sehen und sie versorgen gehörte nun zu meinen täglichen Aufgaben. Das bedeutete, bei jedem Wetter nach ihnen zu schauen. In der ersten Zeit nach unserem Umzug schliefen sie noch in dem kleinen geschenkten Ställchen und hielten sich tagsüber in einem kleinen Freigehege auf.

An einem herbstlichen Morgen schaute ich bei ihnen vorbei, als es stürmte und regnete. An unserem neuen Wohnort ist immer alles sehr heftig: Es gibt viel Regen, viel Schnee, viele Stürme und starken Sonnenschein. Während ich in das Freigehege kletterte, das Ställchen öffnete und wieder unter dem Deckzaun hinausschlüpfen wollte, war einer schneller als ich: der Gockel! Und so ergriff Maxi die Flucht. Er fühlte

sich scheinbar sehr wohl außerhalb seines begrenzten Reviers, und wieder einfangen konnte ich ihn nicht.

Was jetzt geschah, erinnerte mich an den Film *Schweinchen Babe in der großen Stadt.* Mein Schwager hatte sich freundlicherweise bereit erklärt, aus einer von uns gekauften und zerlegten Gartenhütte ein Hühnerhaus zusammenzubauen. Bislang standen das Fundament und ein paar Balken. Im Rahmen seines Erkundungsspazierganges stand Maxi plötzlich vor der Hütte und schaute sie staunend an. Ich musste laut loslachen. Dieser Bursche war doch sehr neugierig. Er wollte sein zukünftiges Domizil besichtigen. Nach einer Weile drehte er sich um und schlich zu seinem alten Freigehege zurück. Da ich ihn nicht einfangen konnte, klingelte ich bei einem Nachbarn und bat ihn, mir zu helfen, was er auch gern tat. Ich hob das Freigehege hoch, und der Nachbar konnte Maxi dazu bewegen, darunter zu schlüpfen. Gemeinsam freuten wir uns über den Erfolg. *So einen großen Hahn konnte man doch nicht einfach auf den Arm nehmen,* dachte ich damals. Wer hätte gedacht, was mich noch alles erwartete.

Nachdem nun alles wieder geordnet war, konnte ich mein wohlverdientes Frühstück einnehmen. Ich war dankbar, dass unsere Hühnerfamilie wieder vollständig war. Bestimmt hatte Maxi seinen Damen viel zu berichten, denn wenn einer eine Reise tut, dann kann er was erzählen.

Herbstimpressionen

Nach einem verregneten Sommer mit wenig echten Sommertagen hat der Herbst vorzeitig seinen Einzug gehalten. Er entschädigt in seiner Fülle für vieles, was wir im Sommer entbehren mussten. Mit einer Flut von knallroten, vitaminreichen Tomaten dürfen wir uns für den bevorstehenden Winter stärken.

Inmitten des feuchten Nebels und der dichten grauen Wolkendecke geben die strahlenden und stolzen Sonnenblumen etwas von dem vermissten Sonnenschein aus der vergangenen Jahreszeit wieder.

Frisch geernteter Lauch und saftige neue Kartoffeln laden zu leckeren Mahlzeiten ein. Unsere Hühner erfreuen sich in ihren Freilaufzeiten an Schnecken und Regenwürmern. Vereinzelt lenken schon gefärbte Blätter unsere Blicke auf sich.

Mit Staunen entdecke ich ein von kristallfarbenen Tautropfen durchzogenes Spinnennetz an unserer Wäschespinne. Mich fasziniert seine filigrane Genauigkeit.

Für mich sind das Wunder, die ich mit offenen Augen entdecken möchte. Inmitten der teilweisen Dunkelheit dieser vorletzten Jahreszeit gibt es so viele Lichtblicke.

Möge Gott unsere Sinne für seine Schönheiten schärfen, damit wir wieder neu bereit werden, ihm für seinen Reichtum zu danken. So werden wir öfter im Leben ein Erntedankfest feiern.

Kapitel 6

Einzug ins neue Heim

Wenn wir Menschen umziehen, müssen wir fest anpacken, planen und die Ärmel hochkrempeln. Wie machen es Hühner in solch einer Situation?

Zwei Umzüge innerhalb weniger Wochen zu erleben, wer kann das schon von sich behaupten? Unser Federvieh hatte gleich zwei Umzüge vor sich, denn sie zogen nicht nur gemeinsam mit uns an einen ganz anderen Ort, sondern erhielten auch einen neuen Hühnerstall.

Mittlerweile waren unsere Kartons zum größten Teil ausgepackt. Sich inmitten vertrauter Gegenstände zu bewegen, schaffte heimische Gefühle. Aber kaum gab es eine kleine Verschnaufpause, stand schon die nächste Aufgabe vor der Tür. Eigentlich ist der Lebensweg ein Wandern vom Tal zum Berg und umgekehrt. Es wird nie langweilig, vor allem, wenn man etwas vom Leben erwartet. Und ich erwartete viel von unserem Leben am neuen Wohnort. Vieles bestaunte ich hier. Was konnte ich dazulernen? Wie lebten die Menschen hier? Oh, da gab es viel, und das bereicherte mein Leben ungemein. Gleichzeitig erwartete uns auch eine neue Aufgabe.

Kaum hatten wir uns und auch unsere Hühner samt Hahn sich akklimatisiert, hörten wir öfter die Frage: „Was machen Sie denn mit ihnen im Winter? Der ist hier sehr lang, streng und schneereich!" Eine gute Frage. Das kleine Ställchen wäre sicher nach kurzer Zeit eingeschneit, und das kleine Freigehege wäre nicht mehr begehbar.

Wir kamen auf die Idee, uns ein Gartenhäuschen zu besorgen, das wir selbst zusammenbauen könnten. Dieser Gedanke wurde kurzerhand in die Tat umgesetzt. Es wurde auch langsam Zeit, denn der Herbstwind wurde schon mächtig kalt, und es regnete viel ab Oktober. Wie würde erst der Winter werden?

Der Bruder meines Mannes erwies sich als ein wunderbarer Bauherr, der dazu auch noch ein Herz für Tiere hatte. Unsere Kinder halfen immer wieder mit, den neuen Stall aufzubauen. Sie wussten zwar, dass es Wunder gibt. (Allein schon deshalb, weil unser Sohn Daniel in einem Urlaub am Starnberger See beinahe ertrunken und wie durch ein Wunder noch rechtzeitig von einer Urlauberin gerettet wurde.) Dass man aber hin und wieder zu einem Wunder etwas beitragen muss, damit es zustande kommt, lernten sie erst jetzt.

Zu jeder Tag- und Nachtzeit wurde gehämmert, genagelt und gestrichen, dann war das Häuschen endlich fertig. Der zweite Umzug für unser Federvieh stand bevor. Ein lieber Nachbar zauberte uns ein noch größeres Freigehege. Maxi, Fredi und Liesel wurden vom kleinen Ställchen ins neue Domizil getragen. Ein anteilnehmender Landwirt stiftete wertvolle Strohballen für den neuen Stall. Nun war die „Hühnervilla" perfekt. Die ganze Familie staunte, wie schön das Häuschen geworden war. Und nicht nur wir, sondern auch die neuen Bewohner schienen beeindruckt zu sein. Nun konnte der Winter kommen.

Und er kam, wie wir es noch nie erlebt hatten. Schneestürme, Schnee und nochmals Schnee begegneten uns täglich. Als ich mit meinen Gummistiefeln zum Freigehege hinausstapfte, versank ich im tiefsten Schnee. War das eine Freude, unsere uns anvertrauten Tiere im Trocknen vorzufinden! Ein mitfühlender Mensch legte die Innenwände noch mit Styropor aus. Dieses wurde aber bald von den Insassen aufgepickt. So etwas nennt man wohl Geschmacksverirrung.

Nun waren die Tiere gut versorgt. Ich war richtig neugierig, was nun kommen würde!

Pulsierendes Leben

Mit jeder Faser meines Körpers atme ich das Leben. Es kann so reich, so erfüllend sein, wenn ich mich ihm stelle und etwas von ihm erwarte. Die Hoffnung ist etwas, das nie aufgegeben werden darf.

Immer den Blick nach oben richten, mir von dort den Mut zum Weitergehen schenken lassen.
In Zeiten der Stolpersteine nicht den Blick zurück zu den Stationen der erfahrenen Hilfe vergessen.

Mit voller Kraft voraus – mutigen Schrittes, denn ...

„... mit meinem Gott kann ich über Mauern springen" (Psalm 18,30).
„... es sollen wohl Berge weichen und Hügel hinfallen, aber meine Gnade soll nicht von dir weichen, und der Bund meines Friedens soll nicht hinfallen, spricht der Herr, dein Erbarmer" (Jesaja 54,10).

Kapitel 7

Morgenstund' hat Gold im Mund
oder: Der batterielose Weckdienst

Viele lassen sich heute durch ihren Funkwecker in den Tag
rufen, andere werden durch das Telefon oder ihr Handy geweckt. Aber es gibt noch andere Möglichkeiten …

Wer schwingt sich mit Freude aus dem warmen Bett? Wer
kann es kaum erwarten, in den Tag zu starten? Wer ist morgens vor Energie fast nicht zu bremsen? Bevor ich meine
Hühner hatte, konnte ich alle Fragen nicht mit „Ich!" beant-
worten. Wie oft bekam ich damals zu hören: „Morgenstund'
hat Gold im Mund!" Dem fügte ich einfach hinzu: „… und
hat Blei in den Beinen!" Mir fiel es einfach sehr schwer, morgens aus dem Bett zu kommen. Ich kaufte den Kindern eigene Wecker, somit waren sie selbst verantwortlich, zur rechten
Zeit aufzustehen, und ich musste nicht diejenige sein, die sie
aus den süßen Träumen holte, sondern der Wecker. Und das
funktionierte.

Natürlich durften unsere Kinder am Samstag auch mal
länger schlafen. Sie entdeckten aber sehr schnell von selber,
dass es sich lohnt, den Morgen zu nutzen. Sie sind nicht so
eine Spätzünderin wie ihre Mutter. Ich finde es klasse, auch
von den eigenen Kindern zu lernen.

Schon Jesus nutzte die frühe Morgenstunde, um mit seinem himmlischen Vater zu reden. „Und am Morgen, noch
vor Tage, stand [Jesus] auf und ging hinaus. Und er ging an
eine einsame Stätte und betete dort" (Markus 1,35). Nach

der Zwiesprache mit seinem himmlischen Vater ging er gestärkt in den neuen Tag.

Neulich fand in unserer Gemeinde eine Gebetswoche statt. Sie nannte sich „24-/7". Das bedeutete, dass ein Gebetsdienst an sieben Tagen rund um die Uhr stattfand. Unser Sohn trug sich am Samstag von sieben bis acht Uhr dazu mit einem Freund ein. Da ich zum Fahrdienst eingeteilt war, ging es am Freitag davor früher ins Bett. Morgens freute ich mich auf meinen geliebten Earl-Grey-Tee und auf frisch gebackenes Brot einer Bekannten. Dann fuhren mein Sohn und ich gestärkt los. Wir beteten nicht nur gemeinsam, sondern hatten auch darüber hinaus gute Begegnungen mit anderen. Als ich wieder zu Hause war, begrüßte ich die Hühner, putzte das Erdgeschoss und kaufte ein. Ich war ganz beschwingt durch die Stille am Morgen und die anschließende Schaffenskraft.

Durch unser Federvieh hat sich bei uns einiges verändert. Nachdem Maxi, der Hahn, endlich das Krähen erlernt hatte, freute ich mich jeden Morgen auf seinen Morgengruß. Nur leider ertönte dieser immer früher. So passierte es, dass ich schon bald gegen fünf Uhr morgens wach wurde und Schuldgefühle bekam, noch im Bett zu liegen. Mir kam es vor, als weckte er uns so früh, damit er auch sein Frühstück bekam. Meistens ließ ich ihn und seine Mitbewohnerinnen jedoch warten, bevor das Frühstück serviert wurde. Meinen Eltern sage ich hin und wieder schmunzelnd, hätten sie früher auch Federvieh gehabt, wäre ich morgens eher aus den Federn gekommen.

Wie oft ist es uns schon passiert, dass die Batterien im Wecker versagten und wir deshalb nicht pünktlich aufstehen konnten. Wie gut, dass ein Hahn keine Batterien braucht. Er ist somit morgens immer einsatzfähig und auf ihn ist Verlass.

Gott benutzt auch Tiere, um uns die Wichtigkeit seines Wortes zu unterbreiten. So wurde mir das frühe Krähen unseres Hahnes ein Anreiz, manchmal schon vor dem Morgengrauen aufzustehen, um meine Andacht zu halten. Ich war jedes Mal ganz begeistert, welchen Schwung ich dadurch den Tag über bekam.

Ich freue mich jeden Morgen auf meine „Stille Zeit", mein leckeres Frühstück und auf das Versorgen meiner Hühner. Was gibt es Besseres?

Morgenstimmung

Noch ist es früh am Morgen. Leise schaut die herannahende Morgen-dämmerung durch die Wolken.

Über den nebelverhangenen Wiesen und Wäldern schwebt eine geheim-nisvolle Stille. Die ersten Autos beginnen sich zu regen und bringen ihre Besitzer zur Arbeit.

Noch ist nicht der große Aufbruch eines turbulenten Tages da.
Er beginnt langsam. Der Seele tut es gut, sich hineinnehmen zu lassen in diesen Prozess.

Inmitten unserer lauten und hektischen Zeit sind solche Momente der Stille und der Besinnung überlebensnotwendig.

Gestärkt durch die Zwiesprache mit dem Höchsten darf ich mich dem Tag stellen. Ich bin gespannt, was ich heute alles erleben werde.

Früh am Morgen, Herr, willst du mir begegnen.
Dann, wenn ich noch nicht belagert oder gestresst bin.
Es tut gut, sich dir auszuliefern – mich dir hinzugeben.
Amen.

Kapitel 8

Willkommen in der Hühnerfamilie!

Mittlerweile lebten Maxi, Fredi und Liesel schon einige Wochen bei uns. Wenn es die Zeit erlaubte, begab ich mich ab und zu in den Hühnerstall, damit unser Maxi auch mal „ein anderes Huhn" zu Gesicht bekam. Da ich schon immer gerne Verhaltensforschung betrieben habe, setzte ich mich also eine Weile auf den Korb mit dem Stroh. Plötzlich wurde es still. Maxi gab komische, leise Töne von sich und starrte die Wand an. Auch Liesel und Fredi, die beiden Hühner, bewegten sich nicht. Schließlich drehte ich mich um. Vielleicht gab es hinter mir etwas, das ihr Interesse geweckt hatte? Ich konnte aber nichts entdecken. Dann fiel bei mir der Groschen, und ich musste schallend lachen. So verhielten sich meine Tiere, wenn ein Huhn aus ihrer „Hühnerfamilie" brütete!

Als ich mich von meinem Strohsitz erhob, kam auch wieder Bewegung in die Bude.

Mir war es zwar eine Ehre, mich von ihnen in ihrer „Familie" akzeptiert zu wissen, doch ich bleibe lieber bei meiner „Menschenfamilie".

Das liebe Federvieh – insbesondere Maxi – konnte aber auch ganz anders sein. Der Hahn war eben sehr wählerisch, wen er in seine „Hühnerfamilie" aufnehmen wollte. Das erlebten wir, als wir einen zweitägigen Besuch bei den Großeltern gemacht hatten und dann wieder nach Hause kamen. An der Haustür fanden wir folgenden Zettel: „Bitte gleich die Hühner füttern, der Hahn hat mich angegriffen. Ich konnte nicht

in den Stall." Oh weh, was hatte ich unserer lieben Pfarramtssekretärin zugemutet? Sofort lief ich zur „Hühnervilla" und
nahm Maxi auf den Arm. Ich staunte, dass er das duldete.

Leider hatten nicht alle Mitglieder aus meiner Familie so
viel Glück, in die „Hühnerfamilie" aufgenommen zu werden.
An einem Sonntag bat ich Esther, Hühner und Hahn aus
dem Stall ins Freigehege zu lassen. Währenddessen richtete
ich mich für den Kirchgang. Plötzlich hörte ich ein beunru-
higendes „Mama" aus dem Garten. Ich rannte hinaus und
fand unsere Jüngste heulend im Gehege stehen. Maxi hatte
sie immer wieder angeflogen. Der Hahn bekam einen Klaps
von mir, und Esther nahm ich tröstend in die Arme.

Hinterher erfuhr ich von einem Erdbeben, das in dieser
Nacht stattgefunden hatte. Sicherlich gerieten auch die Tiere dadurch in Unruhe.

Auch wenn es Maxi uns nicht immer einfach machte, so sorg-
ten wir als Familie doch so gut es ging für unsere Hühner.
Nacheinander zu schauen, füreinander zu sorgen, achtha-
ben auf den anderen würde manchem Problem der Verein-
samung vorbeugen. Jesus sorgte selbst vom Kreuz aus noch
dafür, dass der Jünger Johannes sich um seine Mutter Maria
kümmerte, die tief betrübt den Tod ihres Sohnes Jesu mit
ansehen musste. Wenn jeder ein Beziehungsnetz um sich herum hätte, würde das sogar einem Burn-out vorbeugen, erfuhr ich neulich.

Kapitel 9

Ein Hahn im Arm hält warm

Neulich tauschte ich mich mit anderen Frauen über unsere Träume aus. Die eine träumte von einem Wintergarten, eine andere von einer Reise nach Südengland. Auch wenn unsere Träume vielleicht nie in Erfüllung gehen, tut es gut, welche zu haben. Sie lassen uns ein wenig vom Alltag abheben und schenken uns Leichtigkeit.

Eine kleine Träumerei gönnten mein Mann und ich unseren Kindern ab und zu, als sie noch kleiner waren. Nach dem abendlichen Baden massierten wir ihnen manchmal den Rücken. Natürlich passierte das nicht jeden Abend, es sollte schließlich etwas Besonderes bleiben. Beim Massieren erzählten wir eine Geschichte und malten dazu passende Bewegungen auf ihren Rücken. Mal wurde der Rücken sanft gerieben, dann darauf getrommelt oder mit den Händen gerieben. Dabei durften unsere Kinder Wünsche für die Geschichte äußern. Sie wussten genau, dass es all die Begebenheiten aus der Geschichte zusammen in der Realität selten gab. Aber ein wenig zu träumen gibt manchmal wieder neuen Schwung. Manche Träume müssen nicht ausgelebt werden. Sie allein einmal auszusprechen tut schon gut.

Einen Traum hatte ich allerdings nie gehabt: Nie im Leben hätte ich mir Hühner gewünscht! Nun aber waren sie da. Eines Abends wollte ich ihre große Stalltür schließen, als ich sie alle drei in der Ecke im Freigehege sitzen sah. Die Tür ihres kleinen Schlafställchens war zugefallen. Da Hühner aber auf der Stange schlafen, weil sie nachts immer etwas fallen lassen, musste ich sie hineinbringen. Beherzt nahm ich nacheinander jedes auf den Arm und brachte es auf die Stange, auch den Hahn. Was war ich überrascht, so einen großen Kameraden im Arm zu halten. Seitdem nahm ich ihn immer mal wieder auf den Arm.

Natürlich bleibt ein stolzer Hahn nicht immer ein Kuscheltier. Er wird älter und ist auch dem Lusttrieb unterlegen. Ein Huhn hatte er besonders im Visier. Das war die Liesel. Ihr Federkleid am Rücken war schon sehr mitgenommen, sodass sie meist ziemlich traurig in der Ecke saß. Als ich versuchte, sie hervorzuholen, quietschte sie heftig. Dies alarmierte sofort den Beschützerinstinkt von Maxi. Er schoss wie ein Blitz auf mich zu. Schnell rief ich „Stopp" und nahm ihn fest auf den Arm. Ich erinnerte mich an die Festhaltemethode der tschechischen Kinderpsychologin Irina Prekop. Das Festhalten soll eine Chance bieten, einen sprachlich nicht zu bewältigenden Beziehungskonflikt auszutragen. Warum durfte diese nicht auch bei den Tieren anschlagen? Prompt wurde Maxi ruhig. Er atmete ganz leise, und so entließ ich ihn wieder in die Freiheit. Beim nächsten Versuch, Liesel hochzuheben, schaute Maxi nur kurz vorbei, obwohl sie sich bemerkbar machte, und stolzierte dann weiter.

Einen Hahn im Arm zu halten, ist ein tolles Gefühl. Es ist so, als hätte man etwas gebändigt. Mein Wunsch war schon immer, einen Löwen zu zähmen. An dem Hahn durfte ich nun üben.

Wenn es schon Kraft und Fantasie braucht, einen stolzen Hahn zu bändigen, dass er in meinen Armen bleibt, wie viel mehr braucht sie Gott, damit wir uns ihm anvertrauen und er uns in seine Arme schließen kann? Uns wird in Jesaja 40,11 zugesagt: „Er wird seine Herde weiden wie ein Hirte.

Er wird die Lämmer in seinen Arm sammeln und im Bausch seines Gewandes tragen und die Mutterschafe führen." Wir dürfen uns diesen uns suchenden Armen hingeben und uns ihnen anvertrauen. Dann wird es uns auch warm – das gilt für immer.

Loslassen

Hauchdünne, filigrane Spinnennetze bilden zarte Hängematten für heruntergefallene Blätter, die der Morgenwind im herbstlichen November hin- und herschaukelt. Der luftschlangenförmige Abschiedstanz einer quirligen Vogelschar am wolkendurchzogenen Herbsthimmel verkündet das Zu-Ende-Gehen der vorletzten Jahreszeit.

Abschiednehmen und Loslassen sieht so einfach aus, wenn man die Natur betrachtet. Fällt es den Blättern wirklich so leicht, sich fallen zu lassen? Manche segeln schneller durch die erdige Herbstluft, andere werden durch einen kräftigen Herbststurm daran erinnert, dass Loslassen an der Reihe ist.

Während das majestätische Sonntagsgeläut mich durch Berge von Blätterhaufen trägt, staune ich wieder neu über die bunte Vielfalt dieser Jahreszeit. Der dunkle Wolkenstreifen am Horizont zeugt von der stürmischen letzten Nacht. Die noch mit dickem Herbstlaub behangenen Bäume werden daran erinnert, dass Loslassen angesagt ist.

Beim Kirchgang fällt mir eine weiße Rose ins Auge, die ehrfurchtsvoll ihr Haupt neigt, als wolle sie Gott, dem Schöpfer, sagen: Ich habe meine Arbeit für dieses Jahr getan. Ich bin bereit, meine letzten Blätter fallen zu lassen.

Vater im Himmel, gib uns zu Lebzeiten die Kraft und die Freiheit, immer mehr loszulassen, um in deinen auffangenden Armen ein erfülltes Leben zu finden. In dir bleiben heißt: geborgen sein, wie ein Kind im Mutterleib, abhängig sein vom Ernährer, an deinem Herzen liegen dürfen, deinen Herzschlag hörend und wissend, dass dir bekannt ist, was mir guttut, befreit vom ständigen Drehen um mich, beglückt, weil einer sich um mich kümmert. Dankbar zu sein für die vielen Geschenke im Alltag, die aus deiner Hand kommen, beruhigt, weil du eine Perspektive für mein Leben hast, getröstet, weil dein Wort felsenfest steht inmitten allen Wechsels und aller Unbeständigkeit.

Kapitel 10

Von einer Hand in die andere Hand

Sorgen können einem nicht nur das Auto, die Kinder oder Nahrungsmittelunverträglichkeiten bereiten, sondern auch Hühner. Da der Umgang mit solchen erst seit kurzer Zeit zu meinem Betätigungsfeld gehörte, gab es immer wieder eine neue Lektion zu lernen.

Als im Winter die Schneeberge unser Federvieh zwangen, im behüteten Stall zu bleiben, mussten sie lernen, auf engstem Raum miteinander auszukommen. Dass das aber nicht immer einfach war, bemerkte ich, als ich rote Spritzer im Stroh entdeckte. Da ich keinen Maler bestellt hatte, konnte es sich nur um Blut handeln. Schließlich entdeckte ich, dass der Kamm von Liesel blutete. Als dies öfter vorkam, spielte ich Mäuschen. Ich setzte mich auf den Strohkorb und harrte der Dinge, die noch geschehen würden. Plötzlich ertönte ein Geschrei und ich sah mit Schrecken, dass unser Maxi sich nicht nur auf Liesel setzte, wie er es immer wieder machte. Er biss sie dabei auch fest in den Kamm, sodass das Blut spritzte. Prompt riss ich ihn an mich und sagte ihm die Meinung. Kinder sind meistens zur Umkehr oder zur Korrektur bereit. Bei Tieren siegt doch der Naturtrieb. Es wurde zwar mit der Zeit besser, doch ich bemerkte, dass Maxi dieses Huhn immer wieder bedrängte.

Bald darauf fand ich eine leichte Blutspur auf einem von Liesel gelegten Ei vor. Da zählte ich eins und eins zusammen. Maxi hatte es auf dieses Huhn abgesehen. Als ich feststellte, dass Liesel viele Federn fehlten, sodass ihre Knochen schon zu sehen waren, und sie nur noch apathisch unter dem Schlafställchen saß, steckte ich sie auf Anraten eines hilfsbereiten Kleintierzüchters für einige Tage allein ins Ställchen. Aber auch dort fraß sie kaum. Ich besuchte sie mehrmals täglich und flößte ihr Wasser ein. Zu mehr war sie nicht mehr fähig.

Nun sprach ich mit Esther, die dieses Huhn nach einer früheren Freundin benannt hatte. Sie erklärte mir, dass Liesel nicht geschlachtet werden sollte. Wie lange würde ihr Leidensweg sich dann aber hinziehen?

Am nächsten Tag nahm ich Esther mit in den Stall. Sie sollte eine Zeit lang allein mit Liesel verbringen. Im Rückblick bin ich froh, dass Esther diese Zeit mit Liesel hatte; es war wichtig für das, was dann passierte.

Bevor ich am nächsten Morgen meinen morgendlichen Rundgang im Hühnerstall begann, gingen mir einige Gedanken durch den Kopf. Was wäre, wenn Liesel heute nicht mehr lebte? Wie sollte ich damit umgehen, wie sollten das unsere Kinder tun? Wie ginge es dann weiter? Da hatte ich plötzlich folgende Erkenntnis: Es wäre besser für dieses geplagte Huhn, wenn ich es heute tot vorfinden würde. Es wäre von seinem Leiden erlöst. Dabei musste ich an den Film *Das Geheimnis vom Wildenwald* von Patricia St. John denken. In dem Film versucht ein alter Hirte, Kindern den Tod eines ihrer Freunde verständnisvoll zu erklären. Er sagt: „Schaut, wenn ein Schäflein verletzt ist, dann trägt der gute Hirte es auf seinen Armen auf eine andere Weide, wo es ihm gut geht."

Mein Mann schilderte das Leben und Sterben in einer Predigt einmal so: „Im Leben sind wir in der einen Hand Gottes, und im Sterben kommen wir in die andere Hand Gottes. Im Leben wie im Sterben sind wir in seinen Händen."

Mit diesem Trost startete ich ins Hühnerhaus und fand meine Vermutung bestätigt. Gekrümmt, mit dem Köpflein unter dem Körper und dem Gefieder im Trinknapf lag dort ein bewegungsloses Huhn. Es hatte seinen Lebensatem ausgehaucht. Dass meine Augenwaschanlage bei diesem Anblick in Betrieb geriet, war nur verständlich. Jemanden zu pflegen, zu begleiten und zu versorgen verbindet. Nicht nur bei Menschen, sondern auch bei Tieren ist das so.

Ich holte einen leeren Schuhkarton, in den ich Liesel legen konnte, damit wir sie später beerdigen konnten. In all der Traurigkeit wurde ich von dem Gedanken getröstet, dass Gott auch mit der Tierwelt etwas vorhat.

An diesem Tag wollte ich nicht im Schmerz stecken bleiben. Deshalb plante ich, am Nachmittag zwei neue Legehühner zu kaufen. Auch erinnerte ich mich an den Tipp eines Bekannten: „Ein Guler braucht fünf Hühner!" Das bedeutete, dass mein Hahn mit zwei Hühnern unterfordert gewesen war und meine beiden Hühner mit Maxi somit überfordert waren. Das hatte sich nun wohl leider bestätigt.

Es würde weitergehen, wenn auch anders als gedacht, aber es würde spannend bleiben. Doch zunächst musste ich unseren Kinder beibringen, was passiert war.

Notwendiges Abschiednehmen

Still und müde hängen die letzten bunten Blätter an den Bäumen. Bald werden auch sie auf die Erde fallen. Kinder freuen sich über die Laubberge. Das geheimnisvolle Rascheln, beim Laufen hörbar, gibt dem Herbstspaziergang seine besondere Note. Leise senkt sich der Herbstnebel nieder und umhüllt und verschließt auf seine Weise die Welt.

Wir wissen, dass auch diese Zeit begrenzt ist. Alles hat seine Zeit. Geboren werden hat seine Zeit und Sterben hat seine Zeit. Wie trostvoll für uns ist das Wissen, dass wir nicht ohnmächtig dem ständigen Wechselspiel des Lebens ausgeliefert sind.

Auch wenn die trüben Tage kommen, denen wir am liebsten entfliehen würden, dürfen wir uns in Gottes Hand geborgen wissen. Er möchte, dass wir durch widrige Umstände noch näher zu ihm kommen. Er allein ist beständig und unterliegt keinem Wechselbad von Höhen und Tiefen. Und wenn der Herbst gekommen ist, die Natur noch einmal alles von sich gibt, die Welt sich im schönsten Farbenmeer spiegelt, dann dürfen wir Abschied nehmen, um in die Kälte des Winters zu schreiten. Dann werden die welken Blätter zusammengekehrt und erfüllen ihren Zweck auf dem Kompost oder zum Abdecken der Erde. Das Land wird umgegraben, Altes wird abgeschnitten, die Bäume werden gestutzt. Alles wird für die Winterruhe vorbereitet, damit im Frühjahr ein neues Erwachen stattfinden kann.

Diese vorletzte Jahreszeit gibt uns manches zu bedenken. Wie wunderbar können wir dies alles auf unser Leben übertragen. Wie viel Ballast schleppen wir im Leben mit uns herum, den wir doch getrost abgeben könnten! Nur bereinigte Verhältnisse sind die Voraussetzung für ein Neues. Dankbaren Menschen öffnen sich die Tore von morgen. Die Vergänglichkeit des Menschen ist auf den Ewigen ausgerichtet. In den Tälern unseres Lebens brauchen wir die Ausrichtung von unserer Unzulänglichkeit hin zum geöffneten Himmel. Durch das Loslassen unserer Wünsche und Vorstellungen werden wir bereit, Neues zu empfangen.

Gott spricht: „Ich will ein Neues schaffen."

Sind wir gespannt auf seine Überraschungen, weil er nur das Beste mit uns vorhat? Lassen wir dem Herbst in unserem Leben Raum und gehen bewusst mit offenen Augen an Gottes starker Hand durch diese Tage!

Kapitel 11

Abschiedsschmerz und Neuzugang

Normalerweise besteht ein Trauerschmaus in schwäbischen Regionen aus Hefezopf und Brezeln. Aber an diese Speisekarte hielt ich mich bei der Trauerfeier für Liesel nicht. Bei uns gab es leckere Pizzen mit Salat und zum Nachtisch Eis nach Wahl.

Ich staunte über die Reaktionen der Kinder. Man merkte, dass sie aus einem Pfarrhaus stammen, wo das bunte, vielfältige Leben ein und aus geht. Todesfälle in sämtlichen Schattierungen, Problemfälle des Lebens in allen möglichen Abstufungen. Natürlich bekommen sie nicht alles brühwarm übermittelt, aber ihnen ist vieles bekannt.

Erst wollte ich ihnen den Todesfall nach dem Essen übermitteln. Da ich nun aber keine Schauspielerin bin, sieht man mir an der Nasenspitze an, was gerade in mir vorgeht. Also sagte ich kurz und bündig, was passiert war. Ich hatte keinen Gefühlsausbruch und musste auch nicht weinen. Ausreichend Tränen hatte ich schon morgens beim Anblick des toten Huhnes vergossen.

Nach der Bekanntgabe, dass Liesel nicht mehr unter den Lebenden weilte, und nach einem genussvollen Essen mit eisigem Nachtisch bat ich unseren Sohn Daniel, den „Totengräber" zu spielen. Mit einer Schaufel bewaffnet suchte er ein geeignetes Plätzchen. Bei der ersten Erdausgrabung stieß er auf steinigen Widerstand. Vielleicht hätten hartnäckige Nachforschungen eine wertvolle Schatztruhe zutage gebracht. Endlich fand er einen geeigneten Platz, der leichter auszugraben war. In das Loch legten wir den Schuhkarton, in dem sich Liesel befand. Der Karton trug die Aufschrift „Victory", das bedeutet auf Deutsch „Sieg". Passte das nicht wunderbar? Jesus hat über den Tod gesiegt. Er selber ist von den Toten auferstanden. Er ist nicht im Grab geblieben. Wie er wohl mit toten Hühnern umgehen wird?

Als erfahrene Frau eines Pfarrers zeigte ich den Kindern, dass man jetzt Erde auf den Karton warf und ein paar Gänseblümchen. Anschließend wurde der „Siegerkarton" mit Erde zugedeckt. Ein paar Gartenblumen schmückten das Grab.

Abschiedsschmerz und Neuanfang. Ja, neue Hühner sollten her, damit es dem Hahn nicht mit einem Huhn zu langweilig wurde.

Am Nachmittag fuhr ich mit einem Kleintierzüchter, Esther und ihrer Freundin auf einen Geflügelhof. Was waren wir erschrocken, wie es dort zuging. In Käfigen, dicht an dicht gedrängt, saßen lauter unterschiedliche Hühner. Zu der Zeit war das noch erlaubt. Teilweise hatten sie am Hals keine Federn mehr, weil sie ständig den Kopf aus dem Käfig streckten. Vor den Käfigen gab es in Rinnen Wasser und Futter. Die gelegten Eier befanden sich wiederum eine Etage tiefer. Ich überlegte nicht lange und entschied mich für zwei Legehennen. In einem abgedeckten Körbchen im Kofferraum mussten die beiden erst noch einen Einkauf im Supermarkt überstehen, bis sie in ihr neues Zuhause kamen.

Nun stellte sich die große Frage, wie ich Jung und Alt zusammenbringen sollte. Beim Kauf der Hühner wurde mir nahegelegt, sie auf keinen Fall sofort mit den anderen Hühnern zusammenzusetzen, und sie außerdem zunächst vom Hahn zu trennen. Darüber hinaus sollte ich mich hin und wieder zu allen Hühnern und dem Hahn setzen, um den Neuen beim Eingewöhnen zu helfen. Also wurden Maxi und Fredi ins Freigehege ausgesperrt, denn Schnee war zurzeit noch nicht in Sicht, obwohl es Winter war. Der Neuzugang – zwei einfache braune Hühner – kam ins kleine Schlafställchen.

Esther nannte das kleinere Huhn „Mona", nach einer Freundin. Daniel benannte das größere Huhn „Minni". Dieses Huhn hatte äußerst scharfe Krallen und war sehr widerspenstig. Über Mona mussten wir herzhaft lachen. Die Laute, die sie von sich gab, erinnerten mich an eine Autohupe. Das waren weitere Beispiele für mich, dass jedes Lebewesen ein Original ist. Doris Siegenthaler sagte einmal bei einem Frauenfrühstück, dass jeder Mensch als ein Original geboren wird. Die meisten sterben allerdings als Kopien. Sind wir noch ein Original oder schon auf dem besten Wege zur Kopie?

Die lieben Hühner-Neuzugänge hatten mein Herz sofort erobert. Ob ihnen das auch bei den alten Bewohnern gelingen würde, blieb abzuwarten.

Was hilft in Notzeiten?

In dir bleiben trägt durch,
in dir bleiben schenkt Ruh,
in dir bleiben macht Mut,
in dir bleiben bringt unserem aufgewühlten Herzen Frieden,
in dir bleiben gibt neuen Ausblick,
in dir bleiben heilt innere Zerrissenheit,
in dir bleiben lässt neue Kräfte wachsen,
in dir bleiben macht uns deine Größe neu bewusst,
in dir bleiben hilft, die Gedanken neu zu ordnen,
in dir bleiben kann uns neue Schwerpunkte im Leben zeigen.

„Wer in mir bleibt und ich in ihm, der bringt viel Frucht; denn ohne mich
könnt ihr nichts tun" (Johannes 15,5).

Kapitel 12

Kino

Sehr glücklich sind mein Mann und ich über unsere drei gesunden Kinder. Wir haben sie nicht ausgesucht, sondern sie wurden uns geschenkt, dafür sind wir unserem Schöpfer sehr dankbar. Bei einer Adoption werden die Eltern sehr genau überprüft, es wird versucht, ein für sie einigermaßen passendes Kind zu finden. Trotzdem weiß man nicht, auf was man sich einlässt. Die Herkunftsfamilien und deren Eigenarten sind unbekannt.

Auch wir wurden adoptiert – von Gott; wir dürfen sogar „Vater" zu ihm sagen. Er hat schon einen Sohn, Jesus Christus. Weil wir ihm aber so wichtig sind, möchte er uns auch als seine Kinder annehmen, wenn wir es zulassen. Er wählte uns mit offenen Augen aus und hat sich auf das Abenteuer „Mensch" eingelassen.

Diese Gedanken wanderten mir durch den Kopf, als ich im kleinen Ställchen unsere beiden neuen Hühner besichtigte. Sicherlich waren Maxi und Fredi ganz einfach neugierig. Sie zerbrachen sich nicht meinen Kopf, als sie Mona und Minni durch die Gitterstäbe anschauten. Ihnen war nur klar, dass sie ihren Nachtplatz nicht mehr im Schlafställchen einnehmen konnten. Dieser war nun von den Neuzugängen besetzt.

Ich musste schmunzeln, als ich Maxi und Fredi auf dem Brett im Stroh sitzen sah, genau gegenüber von Mona und Minni. Man hätte denken können, sie wären im Kino. Maxi

und Fredi verfolgten jede Regung ihrer kleinen Rivalinnen.
Was würde passieren, wenn sie sich begegneten?

Zaungäste gibt es genug. Freude bereitet es, selbst am Leben
trotz mancher Herausforderung teilzuhaben und sich auf Begegnungen mit anderen einzulassen. Wenn wir in der Bibel
Hilfen für unser tägliches Leben und für unser Miteinander
entdecken, sind wir reich beschenkt. Dann haben wir eine
Quelle für Durststrecken.

Kapitel 13

Thriller

In unserer heutigen stressigen und hektischen Welt schauen sich viele Leute zur Entspannung einen unterhaltsamen Fernsehfilm an. Viele bevorzugen es, wenn im Film eine „heile Welt" dargestellt wird, damit sie in etwas Erwünschtes oder Erträumtes flüchten können. Dass der Alltag ganz anders ist, merken die Zuschauer schon nach kurzer Zeit.

Einen Thriller zum Relaxen schauen sich nur wenige an, zumindest wenige Frauen. Das ist ein Film, der Nervenkitzel bietet und viele Spannungseffekte enthält. Gerade junge Menschen können davon nicht genug bekommen. Durch viele Umwelteinflüsse wird ihre Reizschwelle immer geringer. Nichts kann die Jugendlichen und jungen Erwachsenen mehr so schnell schocken. Sie sind abgebrüht.

Wo bleibt heute die Sensibilität füreinander? Auf den anderen zu achten ist eine fremde Sache geworden. Diejenigen, die sich darauf einlassen, werden schnell ausgenutzt. Wir haben es nicht nötig, uns aufzuputschen und uns in eine Traumwelt zu flüchten. Jesus möchte uns ein erfülltes Leben schenken, wenn wir uns entschließen, aus unseren Träumen zu erwachen. Dann erst können wir all seine Geschenke annehmen, die er für uns bereithält.

Auch ich, in unserer Familie als „Hühnermama" verschrien, musste solch ein Erwachen unfreiwillig über mich ergehen lassen. Nachdem wir die jungen und alten Hühner samt Hahn einige Tage getrennt gehalten hatten, sollte nun die

Zusammenführung stattfinden. Maxi drehte fast durch, als alle Hühner und er beieinander waren. Wahrscheinlich war er durch die jahreszeitlich bedingten Frühlingsgefühle etwas aufgestachelt und freute sich über die jungen Hühner, die jetzt zu seiner Schar gehörten. Fredi, mit der er nach Liesels Tod vorlieb nehmen musste, drangsalierte ebenfalls gewaltig die Neuzugänge.

Als ich einige Stunden später gegen Mitternacht noch einmal nach dem Rechten sah, pickte Fredi mächtig auf Minni im Dunklen ein. Maxi war rasend eifersüchtig. Er war nicht mehr der Mittelpunkt! Sogar mich flog er jetzt an, als ich die Jungen auf den Arm nahm und sie dabei quiekten. Packte ich Maxi sofort, war alles gut. Aber so schnell konnte ich nicht immer handeln.

Es lief alles anders als gedacht. Mein Traum von einer Patchworkfamilie drohte zu zerplatzen. Ich versuchte mehrere Anläufe und setzte Ratschläge meines mir zur Seite stehenden Kleintierzüchters um. Doch es wurde immer schlimmer. Maxi hatte sich mir gegenüber verändert. Andere Personen konnten gar nicht mehr in den Stall gehen, nur wenn ich Maxi im Arm hielt. Aber das gelang mir nicht immer. Mona und Minni huschten nur noch verängstigt durch den Stall.

Ich musste endlich eine Entscheidung treffen, so konnte es nicht weitergehen. Der Entschluss, Maxi dem Henker zu überlassen, fiel mir unendlich schwer. Als ich Minni und Mona gekauft hatte, sagte man mir auf der Geflügelfarm schon voraus, dass es vermutlich mit der Zusammenführung Probleme geben werde. Jeder Landwirt hätte mich ausgelacht, dass ich es mir so schwer machte. Aber ich hatte endlich nach vielen Jahren wieder einen Bezug zu einem besonderen Tier. Rief ich zum Beispiel Maxi aus dem Badezimmerfenster, stand er sofort am Freigehege.

Daniel, der Maxi nach einem Freund benannt hatte, ermutigte mich zu diesem Entschluss. Am Abend vor der Schlachtung setzte ich mich gegenüber von Maxis Schlafställchen und redete mit ihm. Ich sagte ihm, dass ich ihn sehr lieb hätte und dass meine Entscheidung mir sehr schwer falle. Ich erklärte ihm aber auch, wie enttäuscht ich über sein Verhalten sei. Mir war dieses Zwiegespräch wichtig. Mein Traum war ein Albtraum geworden, und dieser musste beendet werden.

Wenn ein Tier an einer Krankheit stirbt, ist es etwas anderes, als wenn es geschlachtet werden muss. Bei Maxi war es noch schlimmer, da er erst ein Jahr alt war. Ich merkte, dass diese Situation viel zu viele Gedanken von mir gefangen nahm. Ich brauchte meine Kraft als Ehefrau, Mutter und Pfarrfrau. Das Leben ging weiter. Somit entschied ich, dass Maxi geschlachtet wurde. Fredi würde zu meinem Kleintierzüchter kommen, der viele Hühner hatte. Er wollte probieren, ob sie sich dort einfügte.

Kapitel 14

Gefühlsduselei

Wenn heute einer seine Gefühle zeigt, wird er schnell als „Weichei" bezeichnet. „Gelobt sei, was hart macht", lautet bei vielen das Motto, oder auch: „Ein Indianer kennt keinen Schmerz". Wie tröstlich ist es zu wissen, dass für Jesus diese Mottos nicht gelten und er nicht aus Stein war. Er konnte auch Gefühle zeigen. Er weinte zum Beispiel über Jerusalem. Und als die Pharisäer sagten, dass man am Sabbat nicht heilen dürfe, wurde er zornig. Auch wir dürfen unsere Gefühle zeigen und zu ihnen stehen – auch in der Gemeinde.

Herrscht nicht auch in unseren Gemeinden manchmal eine Grabeskälte? Bekommen wir noch mit, was den Banknachbarn bewegt? Sind wir nicht darauf bedacht, schnell nach Hause zu kommen, damit ein Festmenü auf den Tisch kommt? Verurteilen wir nicht schnell Menschen, die dem Nebensitzer in der Kirche etwas zuflüstern? Gesetzliche Züge werden angenommen, es herrscht eine Friedhofsruhe. Wie gut tut eine liebevolle Begrüßung, ein Mut machendes Wort, wenn die Predigt getroffen hat.

Ein Amerikaner hat es mal auf den Punkt gebracht: Vor unserem früheren Pfarrhaus wurde einmal wieder die Straße repariert. Einer der Straßenarbeiter, ein Amerikaner, sagte mir, dass Deutschland so kalt sei – und er meinte damit nicht nur die Wetterlage.

Mein Argument, Maxi zum Schlachten freizugeben, lautete: Dann könnte jeder wieder in den Stall gehen. Vorher war es nur Daniel und mir möglich gewesen. Als ich die beiden neuen Hühner auf den Arm nahm, flog Maxi sogar mich an. Nahm ich ihn in seinem Ansturm sofort in den Arm, beruhigte er sich wieder. Aber würde ich immer so schnell reagieren können?

An dem Morgen, bevor Maxi abgeholt wurde, mied ich alle Zimmer, in denen ich sein Krähen hören konnte. Ich wollte mich schon einmal daran gewöhnen, dass ich diese Laute bald nicht mehr hören würde. Als der hilfsbereite Kleintierzüchter mit zwei Körbchen kam, um Maxi und Fredi abzuholen, sagte ich ihm, dass ich nicht mit zum Stall gehen könne. Also zog er allein los. In den einen Behälter wollte er Maxi tun, um ihn dann später bei sich zu Hause zu schlachten. Fredi, die auch auf den neuen Hühnern herumhackte, nahm er ebenfalls mit, um sie versuchsweise bei seinen Hühnern unterzubringen.

An diesem Tag fühlte ich mich schrecklich. Es wurde auch nicht besser, als Nachbarn fragten, warum das Krähen nicht mehr zu hören sei. Meine Schwester schenkte mir in dieser Situation einen weißen Hahn aus Keramik und einen Gutschein zum Pizzaessen. Toll, wenn man so liebe, mitdenkende Menschen um sich hat.

Trotzdem musste ich allein durch diesen Schmerz. Sicher, Maxi war kein Mensch, „nur" ein Tier, das mir aber sehr ans Herz gewachsen war. Dabei kam mir Jesus auch ganz nahe, der darum wusste, wie es ist, einen Freund „zu verlieren".

Als ich abends allein bei Mona und Minni im Stall saß, konnte ich die Tränen nicht zurückhalten. Es war so ruhig, so anders. Vor zwei Tagen gab es im Stall noch eine andere Besetzung. Ich sah die ganze Angelegenheit symbolhaft. Die beiden Hühner und der Hahn waren uns von unserer alten Gemeinde geschenkt worden. Für den Übergang waren damit heimatliche Gefühle verbunden. Sie halfen uns beim

Eingewöhnen in der neuen Gemeinde. Viele Gespräche fanden ihretwegen statt. Das hatte seine Zeit, wie so vieles.

Jetzt war eine neue Epoche angebrochen. Nun wuselten braune Hühner der Rasse „Hisex Brown" aus dem Schwarzwald im Stall herum und nicht mehr die Hühner, die wir von unserer alten Gemeinde geschenkt bekommen hatten. Wir hatten uns eingelebt – jeder an seinem Platz. Natürlich würden weiterhin Kontakte zu unserer vorigen Gemeinde bestehen, 16 Jahre verbinden einfach. Aber heute lebten, wirkten und arbeiteten wir eben in Marschalkenzimmern. Vielleicht würden unsere neuen Hühner uns wieder neue Impulse auf unserem weiteren Weg geben.

So wie ich bin

Kommen darf ich,
Herr, wie ich bin,
ungeschminkt,
müde,
abgehetzt,
misstrauisch,
verzagt,
anklagend,
fragend,
suchend,
traurig,
glücklich,
leer,
erfüllt.
Du kennst mich,
dir bin ich nicht zu kompliziert,
zu umständlich,
zu aufdringlich,
zu mutlos.

Du blickst hinter die Fassade
meines Lebens,
du siehst tief und gründlich.
Dir kann ich nichts verbergen.
Wenn ich dir alle Unzulänglichkeiten
übergebe,
feierst du damit ein Fest.
Nur in deiner Hand werden
die Scherben
meines Lebens wertvoll.
Hilf mir, sie dir zu übergeben
und auch dir zu überlassen.

Kapitel 15

Das neue Vier-Mädel-Haus

Nachdem ich erfuhr, wie sehr sich Maxi gewehrt hatte, als er geschlachtet wurde, und ich als Erinnerung seine Schwanzfeder erhielt, kullerte mir noch einmal eine Träne über die Wange. Der Kerl trotzte voller Tatendrang – bis zuletzt. Seine essbaren Überreste wurden eingefroren – nicht bei mir, sondern bei unserer Pfarramtssekretärin. Einen Fleischschenkel bereitete ich mir thailändisch zu, aber er war sehr zäh.

Als ich durch die nachfolgende, mir zugetragene Geschichte wieder zum Schmunzeln kam, merkte ich, dass der Schmerz über Maxis Tod nachließ. Von dieser Geschichte eines anderen Hahns erfuhr ich bei einer Taufe. Dieses Mal weinte ich nicht vor Trauer, sondern meine Lachmuskeln wurden beansprucht. In dem Stall eines Bauern hatte ein Hahn über viele Hennen zu wachen. Dies war für den Hahn mit verschiedenen „Aufgaben" verbunden. Jener besagte Hahn saß aufmerksam auf der Stange und schaute munter auf seine Hühner herab. Plötzlich kam Zuwachs zur Tür herein. Bei dem Anblick der neuen Hühner fiel der Hahn auf der Stelle tot von der Stange, so als wäre er seiner „zusätzlichen Aufgabe" nicht gewachsen. Darüber musste ich herzlich lachen.

Mona und Minni sollten nicht nur zu zweit im Stall hausen. Der Frühling war dazu eine gute Zeit, so konnten sie sich mit dem Zuwachs aneinander gewöhnen, bevor die lange Stallenge des Winters kam. Deshalb entschloss ich mich, noch zwei weitere Legehühner zu kaufen. Ich fuhr zu demselben

Geflügelhof und suchte mir zwei weitere braune Hühner aus. Mittlerweile kannte ich mich dort aus. Aber das Herz wurde doch schwer, weil jedes Huhn „hier" zu schreien schien. Herzklopfen bekam ich, als ich es plötzlich krähen hörte. Ich konnte diesen Hahn zwar streicheln, aber ich spürte auch sofort seine Aggression. Das war mir nicht unbekannt. Daher wollte ich es lieber nicht noch einmal mit einem Hahn probieren, und so fanden stattdessen zwei junge Hühner ein Zuhause bei uns.

Für die beiden neuen Hühner war es unproblematisch, sich an Mona und Minni zu gewöhnen. Wir entschieden uns, die beiden Neuen Micky und Fussel zu nennen. Da beide sich ähnelten, konnten wir sie kaum unterscheiden. Deshalb bekamen alle vier nun ein unterschiedlich farbiges Band um den Fuß. So wusste man sofort, mit wem man es zu tun hatte.

Da ich nun keine Herausforderung in Form eines Hahns mehr hatte, stellte ich mir eine neue: Ich entließ die vier Hühner eine Weile in den Garten. Ihre Freude war groß über die neue Freiheit. Hatte ein Huhn einen Regenwurm gefunden und rannte blitzschnell mit diesem in den Stall, sausten alle anderen drei ihm nach. Teilen war angesagt.

Es war einfach gewesen, die Hühner herauszulassen, aber das Einfangen gestaltete sich als recht schwierig. Meistens waren sie schneller als ich, und so war sportlicher Einsatz meinerseits gefragt. Während unsere Älteste unseren Rasen mähte, lachte sie, als sie mich beim Hühnereinfangen beobachtete. Wie schön, wenn man lachen kann. Das gibt ein neues, befreites Lebensgefühl.

Große Freude kam auf, als ich nach kurzer Zeit täglich vier Eier im Stall vorfand. Sie waren zwar noch klein im Format, aber durch die gesunde Ernährung der Hühner in der Wirkung wie eine „Multivitamintablette". So konnte ich immer

wieder jemandem eine Freude bereiten. Eine neue Geschenk-
idee kam mir: Ich schrieb auf abgekochte Eier einen passen-
den Bibelspruch. Auf diese Weise erhielten die Empfänger
eine essbare Botschaft.

Gottes Spuren entdecken

*Nach langer Regenzeit durchziehen blaue Schimmer den mit weißen
Wolken besäten Himmel. Federleicht, ohne die Last der Regentropfen,
tanzen die Blätter der Birke fröhlich ihr Spiel. Das saftige Grün zeugt von
dem lebensspendenden Wasser der letzten Tage.*

*Das Dröhnen des Flugzeuges, das muntere Zwitschern der Vögel und das
durch den leichten Wind erzeugte Rauschen der Blätter nehmen uns bei-
seite. Der Alltag erhält eine Pause.*

*Der Alltag ist so gefüllt mit Ereignissen, dass wir für die Schöpfung kein
Auge und Ohr mehr haben. Sehen wir noch das Huschen der Eidechse oder
das schwerfällige Kriechen der Schnecke beim Überqueren des Weges?*

Danke, Vater, für deine Werke, die du geschaffen hast.
Danke für den Tanz der Fliege in der Sonne, für den leichten Flügel-
schlag der Meise und für die Fürsorge der Amselmutter beim Füttern
ihrer Kinder. Alles hat seinen Platz. Du hast alles wunderbar geordnet, hab Dank dafür.

Kapitel 16

Spaziergang mit meinen Ladys

Bei dieser Überschrift denkt vermutlich so mancher, ich sei im Altersheim beschäftigt. Aber dem ist nicht so. Trotzdem machte ich manchmal einen Spaziergang der besonderen Art: Mit unseren vier Schwarzwälder Hühnern Micky, Fussel, Minni und Mona ging ich ab und zu spazieren. Wie das geht, fragen Sie sich vielleicht. Benötigt man dazu auch Halsband und Leine?

Unsere Hühner hatten einen wunderbaren Stall und ein angrenzendes Freigehege. Gerne gönnte ich ihnen aber auch einen Auslauf in unserem Garten. Unser Federvieh liebte es, auf Gras und Strohballen zu scharren, Regenwürmer zu entdecken oder eine leckere Schnecke als Nachspeise zu vertilgen. War ich in ihrer Nähe, ging alles seine geordneten Bahnen. Entfernte ich mich eine Weile, machte ich in der Regel lustige Entdeckungen bei meiner Rückkehr. So konnte es schon einmal passieren, dass plötzlich der Heuhaufen beim Nachbarn interessanter war und die Hühner sich dorthin verzogen. Neulich fand ich sogar ein noch warmes Hühnerei im Heuhaufen vor. Entdeckte ich unsere freigelassenen Hühner weder bei uns im Garten noch in dem unseres einen Nachbarn, wühlten sie mit großer Leidenschaft auf den Beeten des anderen Nachbarn, was nicht nur mir überhaupt nicht gefiel.

Als bei unserem neuen Gemeindehaus in Marschalkenzimmern Rasen eingesät wurde, konnte ich die Hühner nicht mehr ohne Weiteres frei herumlaufen lassen. Als das

Gemeindehaus im Bau war, entdeckte ich mitten in der heißen Sonne eine ganze Ladung Eier meiner Hühner. Deshalb fand ich längere Zeit fast keine mehr im Stall vor. Ich
kaufte dann einen 50 Meter langen Zaun, um ihnen einen
gewissen Freiraum zu verschaffen. Sie erhielten neu gesteck-
te Grenzen.

Müssen wir nicht auch lernen, mit den neu gesteckten
Grenzen zu leben, wenn wir älter werden? Es ist nicht mehr
alles so schnell möglich, Wege werden beschwerlicher, weil
Gelenke streiken. So wird man dankbar für alles, was einem
gelingt.

Um die Bande besser kontrollieren zu können und damit
sie nicht die Gärten und Beete der Nachbarn durcheinanderbrachten, hatte ich es mir angewöhnt, mit meinen
Hühner-Ladys ein wenig spazieren zu gehen. Auch durften sie den frisch gesäten Grassamen am Gemeindehaus
nicht durchwühlen. Deshalb erlaubte ich den Hühnern
nur in meiner Gegenwart, außerhalb des Geheges frei he-
rumzuspringen, und ich passte auf, dass sie nicht plötzlich zwischen des Nachbarn Salatköpfen zu finden waren.
Solche Ausnahmen passierten dann doch hin und wieder!

Wenn ich sie nach dem Spaziergang wieder im Gehege
haben wollte, gab es zwei Möglichkeiten: Entweder holte
ich jedes persönlich ab und trug es in seine Behausung.
Dazu war eine gewisse Fitness notwendig, denn nicht nur
Hasen können Haken schlagen. Hühner sind sehr ge-
schickt und gewandt und entwischen sehr schnell. Aber
wenn ich sie von oben mit den Händen liebevoll packte,
duckten sie sich und waren „fassbar", sodass ich sie ins
Gehege tragen konnte. Die andere Möglichkeit, sie ein-
zufangen, bestand darin, mit einem Salatkopf zu winken
oder auf einen Topf zu schlagen. Beide Male dachten sie,

es gebe etwas zum Fressen. Natürlich kam ich dann um eine Belohnung für sie nicht herum.

Gern hörten sie aber auch auf meine Stimme, wenn ich sie rief. Sie wussten, wer von ihnen mit dem jeweiligen Namen gemeint war. Darüber staunte ich immer wieder.

Diese Erlebnisse mit meinen Damen geben mir zu denken: Mit wem gehe ich durchs Leben? Haben wir gute Beziehungen, die auch etwas aushalten und nicht beim leisesten Lüftchen wieder auseinandergehen? Wunderbar, wenn wir Beziehungen haben, in denen Anvertrautes bleibt und nicht wie ein Haufen Federn durchs Land verstreut wird.

Auf welche Stimme hören wir? Lassen wir jede Meinung in unser Leben hinein, die uns an der Straßenecke um die Ohren fliegt? Hängen wir unser Fähnchen in den Wind, damit wir ja nicht auffallen?

Lassen wir Gottes Wort in unseren Alltag herein oder bestimmen uns vermeintlich andere Größen? Glauben wir noch an den guten Hirten, der die Seinen kennt und sie versorgt?

„Meine Schafe hören meine Stimme, und ich kenne sie und sie folgen mir" (Johannes 10,27).

Kapitel 17

Weihnachtsmäuschenwinter

Bald ein Dreivierteljahr pflegte und hegte ich schon unsere vier Hühnerdamen. Sie belohnten diese Zuwendung, indem sie beinahe konstant Eier legten. Den ersten Schneeflocken schauten sie ganz verdutzt entgegen. Erst recht waren sie erstaunt, als ich sie einmal kurz in den hohen Schnee setzte. Ich dachte, so eine kleine Kneippkur könnte nicht schaden.

Als von unserer Bundesregierung die Stallpflicht ausgerufen wurde, bekam ich etwas von der Enge mit, was es heißt, wenn Hühner den ganzen Tag im Stall eingesperrt sind. Das darin gelagerte Stroh wurde von den Hühnern im ganzen Stall durcheinandergewirbelt. Sie hüpften hin und her und sprangen gegen die Tür, sobald sie mich hörten. Von einem anderen Federviehbesitzer erfuhr ich, dass seine Tiere sich rupften und keine Eier mehr legten.

Wie überaus dankbar war ich, als ein Tierliebhaber aus unserer Gemeinde sich anbot, mir ein dichtes Freigehege zu errichten. Es sah jetzt aus wie ein Wintergarten. Auf dem Dach befand sich ein langer Holzbalken, darunter eine dichte Plastikplane und rundherum ein Vogelnetz. Außer mir waren natürlich meine Hühner überglücklich, wenigstens wieder etwas Freiheit gewonnen zu haben. Sie konnten sich beim Scharren in der noch nicht gefrorenen Erde austoben und ließen sich vom Wind durchpusten. Auch das Eierlegen war dank des neuen Freigeheges gesichert und ich konnte bei meiner Weihnachtsbäckerei ausschließlich auf eigene Eier zurückgreifen, was den Geschmack und das Aussehen erheblich verbesserte.

In der Adventszeit fiel mir beim Ausmisten des kleinen Schlafställchens etwas auf. Ich hörte ein mir bisher unbekanntes Geräusch. Zuerst dachte ich, es wäre das Piepen eines Spatzes, der sich ab und zu hierher verirrte. Als ich intuitiv das Brett hochhob, auf dem im Schlafställchen nachts zwei der vier Hühner schliefen, blickten mich verschmitzt zwei dunkle, kleine Äuglein an. Ein schwarzes Mäuschen hatte sich darunter aus Stroh, Zeitungspapier und Hühnerfedern eine schnuckelige Behausung errichtet. Als es mich sah, rannte es in die eine Ecke, dann in sein Häuschen und bald darauf schaute es mich aus der Spitze seines Häuschens kurz an.

Nach einer Weile wollte es an die frische Luft. Ich stellte die kleine Hühnerleiter an das Ställchen, und schon bald rannte der neue Bewohner an mir vorbei nach draußen. Scheinbar kannte er schon eine ganze Weile meine Stimme. Immerhin redete ich hin und wieder mit den Hühnern, und so hatte sich wohl auch die Maus an meine Stimme gewöhnt.

Wenn ich den Schlafplatz der Hühner frisch mit Zeitung und Stroh ausgelegt hatte, kam meistens die Kontrolleurin in Gestalt von Huhn Minni und schaute sich alles an. Sie spazierte durch das frische Stroh, schnupperte darin und scharrte ein wenig. Als Minni wieder einmal ihre Runde drehte und die Hühnerleiter hochkletterte, schwang sich parallel dazu das Mäuschen auf der Leiter hinunter. Es herrschte ein reger Durchgangsverkehr.

Köstlich ist, was ich jeden Tag erlebe. Wenn man bewusst durchs Leben geht, bleibt kein Tag farblos. Die alltäglichen Wunder im Alltag liegen oft gerade in den Nebensächlichkeiten. Wichtig ist nur, achtsam mit ihnen umzugehen. Dankbar zu werden für das Kleine, für das Lächeln, für ein gutes Wort. Und wir können sogar selbst dazu beizutragen, dass auch die zwischenmenschliche Atmosphäre besser wird, zum Beispiel mit einer Wertschätzung dem anderen gegenüber, denn: „Ein Kompliment ist wie eine Tasse heiße Schokolade, nur ohne Kalorien."

Vom Dunkel ins Licht

Draußen heult der Wind und rüttelt an den Fensterläden. Die ersten Spuren im Schnee von abendlichen Spaziergängern sind zu sehen. In den Häusern werden Kerzen angezündet, um ein wenig Wärme und Geborgenheit in dieser dunklen Jahreszeit zu spenden.

Mützen und Schals kommen aus ihren Verstecken hervor und schützen vor der klirrenden Kälte. Die Begegnungen und Gespräche auf den Straßen werden kürzer. Bei dem pfeifenden Ostwind sitzen wir bei wärmendem Tee in der Familie oder mit Freunden zusammen. Dadurch gibt es wieder mehr Zeit für Gespräche.

Wir lernen das Hinhören wieder neu nach der schaffigen Sommer- und Herbstzeit. Aber die dunkle Winterzeit hat für viele auch etwas Schweres und Bedrückendes. Die innere Sehnsucht nach der wärmenden Sonne ist groß.

Und doch liegt in dieser erwarteten, von manchen auch gefürchteten Zeit etwas Tiefes, etwas Geheimnisvolles. Wenn die äußeren Aktivitäten weniger werden, müssen wir wieder neu lernen, uns auszuhalten. Wir haben Zeit zum Nachdenken, zum Ordnen unseres Lebens.

Wo haben wir an andere zu hohe Erwartungen gestellt und sind deshalb so oft enttäuscht worden? Wie gut ist in der heiligen Weihnachtszeit der innere Gang zur Krippe. Wie befreiend ist die Erkenntnis, dass wir nichts zu bringen brauchen als uns selbst mit unseren Schwächen und Lasten, unseren Sorgen und unserer Traurigkeit. Das Kind in der Krippe lächelt uns schon erwartungsvoll zu. Es ermutigt uns, alles bei ihm zu lassen. Dann ist Weihnachten bei uns. Andere werden durch unser befreites Weitergehen aufmerksam.

Du Mensch gewordener Christ, der du für mich auf die Erde gekommen bist. Alles, alles hast du mir gegeben, damit ich darf befreit leben. Anbetend bleib ich vor dir stehen, weil ich das Wunder durfte sehen.

Kapitel 18

Jahresanfang und ein verschwundenes Huhn

Vor einiger Zeit, im Herbst, starb Micky. Ihr ging es sehr schlecht, und so war ich froh, dass sie von selber starb und nicht geschlachtet werden musste. Ich verabschiedete mich von ihr unter Tränen und bettete sie in Stroh, als sie abends schon sehr schwach in eine Ecke kroch. Es war abzusehen, dass sie nicht mehr lange leben würde.

Am nächsten Morgen machte ich mich darauf gefasst, dass ich Micky tot im Stall vorfinden würde, und nahm vorsichtshalber schon einmal Schaufel und Kiste mit zum Stall. Leider bestätigte sich mein Verdacht.

Dabei wurde mir wieder bewusst, dass wir uns auch selbst gut versorgen müssen, gerade in schwierigen, kräftezehrenden Situationen. Wichtig ist, sich etwas Gutes zu tun und sich durch unseren himmlischen Vater zu stärken.

Auch Fussel, Minni und Mona starben kurz hintereinander, sodass ich mich nach neuen Bewohnern für meinen Stall bei der Geflügelfarm in Bergfelden umsah. Ich kaufte vier Hühner, die die Namen Mrs Brown, Emily, Amy und Sweety erhielten.

Einige Zeit nach Mickys Tod brachte unser Sohn Daniel seinen neuen Führerschein dankbar nach der bestandenen Fahrprüfung nach Hause. Einerseits war das ein Grund zur Freude, andererseits ein Grund mehr zum Beten! Am Anfang durfte ich als Beifahrer mitfahren. Es ist schon klasse, wenn man von den eigenen Kindern gefahren wird, auch wenn man selber einen Führerschein hat.

Nach der letzten Fahrt mit Daniel an diesem Tag beschloss ich, die Stalltür bei den Hühnern zu schließen. Es war kalt und dunkel an diesem Winterabend. Nach dem üblichen Zählblick auf das Dach des Schlafställchens, ob alle Hühner anwesend waren, wollte ich schon wie sonst auch ins Haus zurückgehen. Doch etwas stimmte nicht. Anhand der bunten Ringe konnte ich feststellen, dass Huhn Amy fehlte. Im Stall suchte ich erfolglos nach dem Tier. Mein nächster Gedanke war: „Jetzt hat wohl doch der Fuchs zugeschlagen." Davon hatte ich hier im Dorf schon gehört.

Aber so schnell gab ich mich nicht geschlagen. Mit meiner großen Taschenlampe bewaffnet, durchwanderte ich die Nachbargärten. Aber kein Huhn erschien, als ich „Amy" rief. Daniel kam auch dazu und erinnerte mich an das Gleichnis des verlorenen Schafes. Es erzählt davon, dass ein Hirte 100 Schafe hatte. Beim Abzählen merkte er, das eins fehlte, und dieses suchte er nun. Ein Gleichnis für Jesus, unseren guten Hirten, der auch uns nicht im Stich lässt und uns sucht.

So kam ich mir auch vor. Nur hatte ich keine Schafe, sondern Hühner. Auch besaß ich keine 100, sondern nur vier. Trotzdem war mir das eine so wichtig, wie dem Hirten in dem Gleichnis sein Schaf wichtig war. Ich fühlte mich für sie verantwortlich, und bisher waren sie jeden Abend zurückgekommen. An diesem Tag hatte ich sie wieder in unseren Garten gelassen, damit sie sich auslaufen konnten. Und nun war Amy verschwunden.

Plötzlich entdeckte ich unter einem Baum beim übernächsten Nachbarn einen Schatten. Beim genaueren Hinsehen konnte ich Amy erkennen, die ängstlich auf dem gefrorenen Grasboden kauerte. Sofort nahm ich sie auf den Arm, um sie zu wärmen. Dann brachte ich sie zurück in den Stall und war glücklich, mein Quartett wieder vollzählig zu haben.

Gerade jetzt zum Jahresanfang nach der Weihnachtszeit kam mir dabei ein Gedanke: Wen können wir in diesem Jahr nach Hause lieben, in den Stall zum Kind in der Krippe? Wem sind wir bereit nachzugehen, zu suchen, um ihn dann zu finden und ihn auf den Armen zu Jesus zu bringen? Das kann uns etwas kosten – Kraft oder Zeit. Aber im Stall werden wir dann mit der bleibenden Freude entlohnt!

Vor lauter Freude über dieses Erlebnis mistete ich am nächsten Tag den ganzen Stall aus und verschenkte an eine russische Familie meine letzten Eier. Ich musste einfach meine Freude weitergeben.

Kapitel 19

Leichter in den Himmel

Den Karfreitagsgottesdienst musste ich mir erst „verdienen". Obwohl der Frühling schon sein Gesicht gezeigt hatte, brachte ein plötzlicher Wintereinbruch alles durcheinander, und ich musste vor dem Gottesdienst noch ordentlich Schnee schaufeln. Wir waren bereits von unserer Werkstatt angeschrieben worden, wann unsere Winterreifen gewechselt werden sollten. Dicke Wintermäntel hatten wir schon zurückgehängt, um dünneren Jacken Platz zu machen. Aber in der Nacht zum Karfreitag kam er zurück, der Winter, und das nicht zimperlich. Erstaunte Augen fanden eine geschlossene Schneedecke vor.

Als ich mich auf den Weg zum Hühnerstall machte, fielen mir viele Zweige ins Auge, die unter ihrer schweren Schneelast zusammenknickten. Nachdem ich das drückende Weiß entfernt hatte, konnten sie wieder mühelos in ihre normale Stellung gelangen. *Befreit von Lasten geht es leichter vorwärts, ja sogar leichter himmelwärts!*, dachte ich.

Ich hatte schon mehrere Todesfälle in meinem Hühnerstall gehabt. Die letzten Hühner verloren viel Wasser und wurden dadurch immer leichter. Gerade jetzt begleitete ich mein Huhn Amy, dem es genauso erging. Früher musste ich sie mit beiden Händen hochheben, weil sie so schwer war. Mittlerweile schaffte ich es mühelos mit einer Hand.

Erst saß sie mit den anderen auf dem Dach des Schlafställchens, dann fand ich sie auf der Stange in diesem Ställchen vor. Nun saß sie auf dessen Boden, weil sie keine Kraft zum

Klettern mehr hatte. Ich streichelte sie immer wieder. Neulich sagte ich zu ihr: „Amy, du weißt, dass ich dich lieb habe. Ich sehe aber, wie du leidest. Wenn du den Eindruck hast, es ist für dich besser, dann darfst du gehen, da ich niemanden mehr habe, der dich schlachtet." Mir tat es gut, ihr diese Worte mitzugeben. Ich bin sicher, Tiere verstehen mehr, als man denkt.

Nachdem ich also den Ast von seiner Schneelast befreit hatte, gingen mir einige Gedanken durch den Kopf: Wie viel Ballast schleppen wir mit durchs Leben? Haben wir durch die viele drückende Last Rückenschmerzen und weniger Lebensfreude? Wie gut, wenn wir wissen, wo wir unsere Lasten hinbringen können – ans Kreuz. Deshalb ist Karfreitag da.

Aus Liebe nahm Jesus unsere Lasten auf sich. Aus Liebe ertrug er Schmach und Hohn. Es fällt uns schwer, das alles anzunehmen. Wir können nichts dazutun und ihm nur dafür danken, was er aus Liebe für uns erlitten hat.

Geben wir doch unsere Lasten an der richtigen Stelle ab, am Kreuz, dann können wir wieder leichter durchs Leben gehen.

Häng dich doch dran!

Bei meinem morgendlichen Frühstück blickte ich zu den Meisenbällchen. Sie hingen direkt vor meinem Küchenfenster in den Sträuchern, sodass ich sie gut beobachten konnte. Ein kleiner Spatz saß auf einem Ästchen und pickte an einem von diesen Bällchen. Der Frühling war zwar tagsüber schon eingekehrt, doch morgens und abends durchzog das Land noch eine Kühle, die sich teils in Raureif ausdrückte. Schwer fiel es dem Spatz, ein paar von den Körnern zu erhaschen. Immer wieder schwang das gewünschte Futter hin und her.

Ich musste an seine Artgenossen denken – die Meisen. Sie haben eine andere Strategie, sich ihre Nahrung zu besorgen. Diese kleinen Vögelchen hängen sich direkt an die Futterbällchen.

Parallelen zum alltäglichen Leben fallen mir ein: Jesus von Weitem zu beäugen, bringt herzlich wenig. Sich aber an ihn dranzuhängen, das bringt's! Er freut sich sogar darüber, er lässt es zu. Er weicht uns nicht aus.

Ich würde dem kleinen Spatz gerne sagen: Häng dich doch dran ans Meisenbällchen, dann geht's leichter.

Häng dich doch dran – du Mensch – an Jesus – ganz. Er hält dich aus, es lohnt sich!

Kapitel 20

Herzblutschmerz

Kennen Sie den Ausspruch: „Mir blutet mein Herz"? Viele Menschen verwenden ihn, wenn sie etwas Trauriges mit ansehen müssen.

In solchen Momenten blutet zwar äußerlich nichts, aber im Inneren empfinde ich einen tiefen Schmerz. So erging es mir neulich bei einem Besuch bei meinen Hühnern. Amy, die schon länger kränkelte, aber sich noch immer auf den Beinen hielt und auch gut fraß, ging es zusehends schlechter. Während ich meine Federtiere füttere, bekommen sie von mir einen liebevollen Klaps. So ging ich schon mit unseren Kindern um, als sie klein waren; es war eine liebevolle Geste und gleichzeitig eine Abhärtung fürs Leben. Während ich dies eben bei meinen Hennen handhabe, war ich ganz erschrocken, als eine dabei kurz umfiel. Ich entdeckte, dass es Amy war. Sie hatte in der Vergangenheit viel an Gewicht verloren, weil sie krank war. Das hatte ich nicht berücksichtigt. Meiner Seele tat das leid, wollte ich doch das schon kranke Tier nicht noch zusätzlich quälen. Ich entschuldigte mich bei ihr und streichelte sie sanft.

Dabei kamen in mir einige Bilder aus der Vergangenheit in den Sinn. Zuletzt wurde mein Vater zweimal am Tag von Schwestern der Diakonie versorgt. Als ich wieder einmal zu Besuch kam, durfte ich mithelfen. Dabei hörte ich etwas, was mir durch Mark und Bein ging. Als mein Vater, der nie klagte oder jammerte, von der Pflegekraft vom Rollstuhl in sein Bett gesetzt wurde, passierte ein Missgeschick, dass sicher niemand wollte. Aus Versehen wurde bei diesem Vorgang sein Fuß eingeklemmt, sodass Vati vor Schmerz kurz aufschrie. Das erschütterte mich und mein Vater tat mir so leid. Die Schwester war selber ganz erschrocken und entschuldigte sich auch.

Jesu Kreuzestod dagegen war nicht unbeabsichtigt. Er erlitt bewusst diese fürchterlichen Schmerzen, aus Liebe zu uns. Da ist richtiges Herzblut geflossen, unter größten Schmerzen. Seitdem kann niemand mehr sagen, dass er nicht geliebt ist.

Ich staune selber jedes Mal, wenn ich solche nachdenklichen oder humorvollen Begebenheiten mit meinen Hühnern immer wieder mit Gottes Wort in Verbindung bringen darf. Da bleibt der Glaube keine Theorie, sondern erhält Hand und Fuß.

Befreiend

Herr,
lass den befreienden Wind
deiner aufatmenden Freiheit wehen,
damit die erstickende Enge
ein Ende hat.

Herr,
taue das Eis unserer Vorstellungen,
damit deine Sicht für unser Leben
wieder erkennbar wird.

Herr,
löse die Verkrustungen unserer Seele,
damit unsere Wunden Heilung erfahren.

Herr,
trockne die vielen geweinten und ungeweinten Tränen,
damit sich der enge Gürtel
um unsere Lunge wieder lösen kann.

Herr,
befreie unseren Lebensrucksack von unnötigem Gepäck,
damit das Vorwärtsgehen nicht nur als Last empfunden wird.

Herr,
lass es nach dieser Entlastung eine befreiende Zeit mit dir werden,
wo wir uns von dir her neu entdecken und aneinander freuen können.

Kapitel 21

Integration oder: Wie bringe ich zwei Generationen unter ein Dach?

Nachdem Amy gestorben war und ich seit längerer Zeit von meinen übrig gebliebenen Hühnern Emily, Mrs Brown und Sweety täglich ein bis zwei Eier erhalten hatte und sie recht problemlos waren, wollte ich im Herbst etwas Neues wagen. Außerdem würde unsere älteste Tochter wegen ihres Studiums von zu Hause ausziehen, und ich brauchte etwas Knuddeliges zum Betreuen. Wir hatten zwar noch zwei weitere Jugendliche, die immer wieder ihre Freunde mitbrachten, sodass das Haus nicht leer war. Trotzdem wollte ich gern neue Hühner, da ich durch sie sicherlich auch wieder einiges über Gott lernen könnte. Anhand der Hühner war mir in der Vergangenheit vieles ganz neu wichtig und bedeutend geworden. Da wir ja noch in einem Dorf wohnten und Stall und Gehege hatten, bot sich eine erweiterte Hühnerhaltung auch an.

Mein Bekannter, der ein erfahrener Hühnerbesitzer ist, suchte mir auf der Geflügelfarm, von der ich bisher auch Hühner gekauft hatte, vier 18 Wochen alte Junghennen aus der Bodenhaltung aus. In einem Karton fuhr ich sie nach Hause. Weil mein Mann um meine Liebe zu diesen Tieren weiß, trug er die Kiste in den Stall und beobachtete, wie ich jedes herausnahm, begrüßte und schier zerschmolz. Sie rochen noch ganz anders, so frisch, so „neu und unverbraucht". In der ersten Nacht setzte ich sie allein in das kleine Ställchen. Die älteren Hühner saßen wie immer auf dem Dach des Stalls, so hatte alles seine Ordnung.

Am nächsten Tag kam mein Bekannter vorbei und befestigte bunte Ringe an den Füßen der Neuankömmlinge, damit ich sie auseinanderhalten konnte. Auch die neuen Hühner hatten wieder ein braunes Federkleid, aber jedes war unterschiedlich. Diese Originalität war einfach herrlich.

Wie jeder weiß, haben meine Hühner immer Namen. Mir ist wie bei den Menschen die persönliche Ansprache wichtig. Im Familienrat beschlossen wir die Namen für das neue Federvieh: *Bobby*, nach einer amerikanischen Bekannten unserer Ältesten aus ihrer Afrikazeit, *Nessi*, benannt nach einer Freundin unserer Jüngsten, *Glory*, ausgesucht von Daniel (ein englischer Name, der auf Deutsch „Gloria" heißt und „Ehre" bedeutet; in Anlehnung an „Gloria in exelcis Deo", „Ehre sei Gott in der Höhe") und *Trixi*, dieser Name kam mir in den Sinn.

Natürlich merkte ich, wie aufgeregt die älteren Hühner waren. In den nächsten Tagen stürzten sie sich mit großem Gegacker immer wieder auf den Zuwachs. Es war haarsträubend und ich ging öfter dazwischen.

Da ich an einem der nächsten Abende ein Konzert besuchte, konnte ich den Stall erst sehr spät schließen. Dabei merkte ich, dass ein Huhn fehlte. Ich suchte im Stall und im Garten, mit Esther ging ich die Umgebung ab. Doch wir fanden das Huhn nicht. Anhand der Ringe stellte ich fest, dass Huhn Bobby fehlte.

Da musste ich an die Abendmeditationen denken, die Anselm Grün zu der Flötenmusik bei einem Konzert sprach. Jemanden segnen heißt, ihn in Gottes Hände loslassen und darauf zu vertrauen, dass Gott ihn verwandelt und behütet. Ich überlegte, ob das jetzt auch für Bobby galt.

Mir tat das Huhn so leid. Es kannte seine Umgebung erst seit Kurzem und war noch so ängstlich. Ich machte mir Vorwürfe, dass ich den Stall nicht vor dem Konzert geschlossen hatte. Aber so war es nun mal. Zu meinem Mann sagte ich, dass ich noch ein neues Huhn kaufen würde, falls Bobby am nächsten Tag nicht wiederkäme.

Auch am darauffolgenden Tag fand ich Bobby nicht. Ich fragte einen Nachbarsjungen, ob er ein freilaufendes Huhn gesehen habe. Der sagte mir, er habe gestern Abend eines bei seinem Nachbarn entdeckt. Sofort suchte ich dessen Garten ab. Was ich sah, war für mich ein Wunder. Unter der Gartenlaube des Nachbarn auf der Lehne eines Gartenstuhles thronte Bobby. Sie schaute mich ganz vertrauensselig an und ließ sich ohne Probleme auf den Arm nehmen. Wie war ich dankbar! Wie sie überhaupt dorthin kam, bleibt mir ein Rätsel. Ich fragte die anderen Hühner danach, aber leider habe ich ihre Antworten nicht verstanden.

Kein neues Huhn, sondern Eingliederung betreiben war meine Aufgabe. Und das war keine leichte Aufgabe. Kein Wunder, die alten Hühner waren ca. zwei Jahre alt, sie hatten das Stallrecht und würden sich von den jungen Hühnern nichts vorschreiben lassen.

Geht es uns heute nicht manchmal auch so? Wir lassen uns nicht gerne „reinschwätzen", wie der Schwabe sagt. Großfamilien gibt es kaum noch, auch werden immer weniger Kinder geboren. Dabei liegt in dem Miteinander mehrerer Generationen eine Chance. Man lernt voneinander, hilft sich gegenseitig, bleibt flexibel. Natürlich muss man geduldig miteinander sein, nicht immer ist die eigene Meinung die allein gültige. Wir können von den Erfahrungen der älteren Generation profitieren, gerade auch was ihre Glaubenserfahrungen betrifft. Viele Ältere machen Mut, Gott auf schwierigen Strecken zu vertrauen. Wie viele junge Paare rennen sofort bei den kleinsten Schwierigkeiten auseinander!

Diese Gedanken gingen mir durch den Kopf, als ich meine jungen und alten Hühner beobachtete.

Die Frau eines Landwirts gab mir den Tipp, allen Hühnern gekochte Kartoffeln mit Knoblauch zum Fressen zuzubereiten. Somit würden sie sich leichter akzeptieren, weil sie gleich riechen. (Wäre das nicht auch eine Lösung für Probleme mit Kollegen oder in den Gemeinden?) Sofort begab ich mich an das Menü. Jetzt stank es im Stall nach Knoblauch. Ich war gespannt, was der nächste Tag bringen würde.

Leider schlug dieser Versuch nicht an. Die Knoblauchkartoffeln wurden mit Nichtbeachtung gestraft. Ich startete einen zweiten Versuch, der mir angeraten wurde: Alle Hühner wurden nacheinander mit Alkohol eingerieben, damit sie gleich rochen. Das klappte besser und führte zu einem schnelleren, besseren Miteinander.

Wie wunderbar ist es, wenn man sich gegenseitige Ratschläge gibt, dabei im Gespräch bleibt und Interesse aneinander zeigt.

Misstöne, die zu einem Gotteslied werden können

Wunderbare Tage der Gemeinschaft, geteiltes Erleben vertiefte die Beziehung. Tiefe Dankbarkeit über diesen Reichtum in der heute so beziehungslosen Zeit. Wie können plötzliche Missverständnisse scheinbar alles versanden lassen? Haben verletzende Worte so viel Recht? Lasse ich sie nach notwendigem Prüfen in mein Lebenskonzept? Liefere ich mich ihnen sogar aus, dass ich alles Gewesene dem Vergänglichen preisgebe?

Wie Balsam sind Gottes Worte in der Bibel, die von seiner beständigen Treue reden. Kein Missgeschick oder irgendwelche Umstände können diesen Tatbestand zum Wanken bringen. Wenn ich mich von der so betroffenen Botschaft des anderen habe umwerfen lassen, heißt das doch, dass Gottes Wort nicht mehr das umfassende Sagen in meinem Herzen hat.

Ich darf meine Verletzlichkeit und Traurigkeit in Gottes ausgebreitete Hände legen. Dabei erhalte ich eine neue Blickrichtung für mein Gegenüber. Welche Sehnsucht nach Liebe, Hunger und Barmherzigkeit steht in seinem Leben Schlange?

Herr, werde du in meinem Leben neu groß und beginne du deine Heilung und Sättigung in mir.

Kapitel 22

Generationenkonflikt

Wenn mehrere Generationen zusammenleben, sind Probleme vorprogrammiert. Jeder hat seine eigene Vorstellung von Kleidung, Musik und Lebensweise. Wir haben das als Pfarrfamilie schon öfter in der Gemeinde erlebt. Ältere Menschen besitzen ihren Stammplatz in der Kirche, sie haben auch im alltäglichen Leben ihre festen Vorstellungen, die von ihren langen Lebenserfahrungen geprägt sind. Junge Leute sind da eher flexibel, locker und unkompliziert. Da es heute wenige Großfamilien gibt, ist somit auch kaum eine Chance gegeben, in engerem Raum miteinander und voneinander zu lernen.

Bei meinen sieben Hühnern durfte ich dabei sein, wie sie ihre Konflikte austrugen. Fast zwei Jahre Vorsprung an Lebenserfahrung hatten die drei älteren Hühner. Sie hatten ihre Gewohnheiten, ihre Stammschlafplätze und ihren Tagesrhythmus. Nun kamen drei Jungspunde dazu, die alles durcheinanderbrachten. Kräftig lachen musste ich, als die Jungen es sich auf den Schlafplätzen der Alten gemütlich machten. Da gab es natürlich ein Theater, sie schmissen sich gegenseitig herunter. Dann setzte ich die Jungen in das kleine Ställchen mit den Worten: „Ihr habt bitte Respekt vor dem Alter!" Ob sie es verstanden haben, weiß ich nicht. Aber seitdem schliefen wenigstens zwei Junge darinnen. Die zwei anderen Neuen fand ich plötzlich bei den Alten vor. Wie sie das geschafft haben, weiß ich nicht. Ich bemerkte nur, wie die Alten sie sehr aufmerksam beobachteten. Tolerant von der älteren Generation, mutig von der jüngeren. Ich war gespannt, ob es dabei blieb.

In den nächsten Wochen zeigte sich, dass die Hühner sich im Großen und Ganzen tolerierten. Allerdings liefen sie lieber in Gruppen zu dritt und zu viert durch den Garten und jeder blieb bei seiner Schar.

Brachte ich ihnen Essensreste, gab es natürlich einen Kampf darum. Auch wenn ein junges Huhn einen Wurm fand, mischten sich die Alten sofort ein. Positiv betrachtet kann man sagen, dass sie wenigstens nacheinander schauten, wenn auch auf sehr eifersüchtige Weise!

Wichtig fand ich es in der ersten Zeit, immer mal wieder bei den Hühnern vorbeizuschauen und für Frieden zu sorgen. Es war wie beim Menschen: Gewohnheiten brauchen Zeit. Die ersten Tage waren die Jungen nur im Stall, dann trauten sie sich ins Freigehege und schließlich liefen sie fröhlich im großen Grasgehege herum. Zwischendurch nahm ich sie immer wieder auf den Arm und redete sie mit ihrem Namen an. Dank des bunten Bändchens am Fuß konnte ich ja erkennen, welches Tier ich gerade auf dem Arm hatte. Mit der Zeit merkte ich, wie die jungen Hühner durch das Zureden zutraulicher wurden. Ich redete aber nicht nur mit ihnen, sondern in den ersten Tagen sang ich ihnen Schlaflieder vor, die ich von unseren drei Kindern her kenne. Sie lauschten genussvoll.

Eine besondere Eigenart konnte ich noch bei unserem Huhn Bobby feststellen. Wenn ich sie streichelte und auf den Arm nahm, atmete sie sehr laut und intensiv. Das war bei den übrigen Hühnern nicht der Fall. So stelle ich immer wieder Unterschiede fest, die jedes Huhn als ein Besonderes herausragen lassen.

Auch wir Menschen dürfen uns mehr in unseren Unterschiedlichkeiten entdecken, wir müssen nicht immer alle gleich sein. Unser Schöpfer hatte viel Fantasie, als er Tier und Mensch geschaffen hat. Haben wir ihn schon einmal dafür gelobt, anstatt uns immer nur über die Andersartigkeiten aufzuregen?

Neuer Mut

Herr Jesus,
hier bin ich, hier sitz ich, hier bleib ich endlich einmal vor dir, bei dir. Es war so unendlich laut in letzter Zeit in meinem Leben. Ich wollte den Lebensprüfungen davoneilen und durfte erleben, dass du mittendrin bist.

Vor den Problemen wollte ich davonfliegen wie eine Taube, habe aber keine Flügel, musste lernen, mich den Schwierigkeiten zu stellen. Ich ließ mich von meinen Unzulänglichkeiten und denen anderer am Vorwärtsgehen hindern, statt darüber hinauszublicken, wie groß du bist. Ich vergaß, dass du mit meinen Nöten und Anliegen umgehen kannst.

Mit deiner Hilfe können Unterschiedlichkeiten im Miteinander überwunden werden. Du kannst unsere Wut in verstehendes Erbarmen verwandeln, indem du den Blick dafür öffnest, wie sehr wir alle auf deine Gnade angewiesen sind. Dadurch wird dem Miteinander wieder eine neue Chance gegeben und gemeinsames Leben darf neu gelingen.

Immer wieder neu brauche ich diesen Mut, dir dabei zu vertrauen, der du nicht nur Leben geschaffen hast, sondern auch damit umgehen kannst. Wie oft hast du schon meine Seele gestillt, mir beim Anblick deiner genialen Schöpfung ins Ohr geflüstert: „Das habe ich aus Liebe zu dir geschaffen."

Kapitel 23

Wertschätzung – Nix gesagt ist genug gelobt

Schwaben können herrliche Menschen sein, wenn sie ihren versteckten Humor herauslassen. Aber wenn's ums Loben geht, können sie extrem sparsam sein. Wenn gefragt wird, ob es geschmeckt hat, erhält man zur Antwort, man habe nicht gemeckert, also habe es geschmeckt. Die andere Version lautet, man habe sich überhaupt nicht geäußert, was bedeutet, dass es geschmeckt habe.

Als unkomplizierte Hessin bin ich das Loben und Ermutigen gewöhnt. Ich finde es herrlich, es einfach weitergeben zu können. Was habe ich dabei zu verlieren? Jedem tut doch ein Lob gut, eine kleine Anerkennung. Man muss nicht erst große Dinge getan haben, um ein Lob oder eine Ermutigung zu erhalten.

Bei unseren Kindern war mir das Ermutigen von klein auf sehr wichtig. Die ersten Worte, die ersten Schritte – für einen so kleinen Menschen ist das doch etwas ganz Besonderes. Ermutigt zu werden heißt, dem anderen auch etwas zuzutrauen. Mit einem Lob hat man Wegzehrung für die nächste Wegstrecke.

Schon in der Bibel wird der Mensch wertgeachtet. Wir sind wertvoll in Gottes Augen, nur erkennt das leider nicht jeder. Manches seelische Leiden, manche Sucht wäre nicht nötig, wenn Gottes Wertschätzung mehr in Anspruch genommen würde.

„Loben zieht nach oben, Danken schützt vor Wanken." Damit ist natürlich die Beziehung zu Gott gemeint. Wenn wir ihn loben, machen wir ihn groß. Wenn uns also bewusst wird, welch großen Gott wir haben, dann denken wir auch nicht mehr klein von ihm. Tut nicht manchmal meinem Nächsten auch eine Anerkennung gut, die ihn wertschätzt? Auf jeden Fall, sie wertet ihn auf!

Was hat das wohl mit meinen Hühnern zu tun? Auch diese wurden von mir gelobt, wenn sie sich vertrugen. Als Alt und Jung sich noch nicht lange den Stall teilten, war das allerdings nicht so oft der Fall.

Ich lobte die Hühner auch beim Eierlegen. Wenn eines gerade dabei war, ein Ei zu legen, streichelte ich es und redete mit ihm. „Du schaffst das, du bist klasse!" Wie oft kam ich mir schon vor wie in einem Kreißsaal, als ich dabei sein konnte, wie die Hühner ihre Eier legten. Dann gab es immer ein extra Lob. Schließlich ist das Eierlegen eine enorme Leistung und bedeutet für die Hühner eine große Anstrengung. Nicht nur bei Menschen, auch bei den Hühnern hatte ich den Eindruck, dass sie sich über das Lob freuten.

Ich möchte Ihnen Mut machen, andere mehr zu loben. Wir nehmen uns ja nichts weg, wenn wir anderen ein Lob weitergeben. Gegenseitige Wertschätzung tut gut!

Kapitel 24

Sieben Hühner und ein Ei

Wenn jemand erfährt, dass ich sieben Hühner besitze und dass es an manchen Tagen nur ein Ei gibt, der fragt sich zu Recht, woran das liegt. Der Grund ist: Die vier jungen Hühner sind noch zu klein sind, um Eier zu legen, und von den älteren drei Hühnern legt eines gar nicht mehr. Die anderen beiden legen nach Lust und Laune. Wenn ich überlege, welche Nährstoffe so ein Ei enthält, wie lange oft das Legen dauert und dass es den Hennen nicht leicht fällt, so weiß ich jedes Ei zu schätzen. Wenn ich also tatsächlich mal ein Ei gefunden habe, ist das für mich fast wie Ostern. Allerdings muss ich nicht so lange nach Eiern suchen, wie es die Kinder an Ostern meist tun, denn die Hühner suchen sich in der Regel denselben Platz zum Eierlegen aus. So kann ich täglich sofort erfassen, ob und wie viele Eier es gibt.

Manche Dinge erkennt man sofort, bei anderen dauert es seine Zeit. Neulich machte ich wieder abends die Stalltür zu, zählte oben die drei alten und unten die vier jungen Hühner nach. Ein junges Huhn fehlte! Schnell begab ich mich mit unserem Sohn und mit Taschenlampen ausgerüstet auf die Suche. Nicht nur unser Garten wurde durchforstet, auch bei den Nachbarn schauten wir nach. Da die Nächte schon sehr kalt waren, obwohl es erst Ende September war, machte ich mir um das Huhn Trixi Sorgen. Wie würde sie diese Nacht überleben bei der Kälte und Dunkelheit? Im Nachbarort hatte ich schon Füchse gesichtet. Ich hoffte, dass die Füchse nicht schneller waren als wir und Trixi vor uns fanden. Doch trotz aller Bemühungen konnten wir sie nicht finden.

Bevor ich zu Bett ging, schaute ich noch mal in den Stall. Plötzlich fiel der Schein der Taschenlampe in das Dach des Schlafställchens. Dort hatte ich einen Teil des Futters gelagert, und auch Besen und Schaufel befanden sich dort. Ich traute meinen Augen nicht: Unter dem Dach lag ganz friedlich Trixi. Ich vermutete, dass die Alten sie verjagt hatten, als sie bei ihnen schlafen wollte, und dass sie deshalb eine Etage tiefer verschwunden war. Ich war so dankbar, dass ich sie eine Weile mit ins Haus nahm. So konnte ich ein wenig mit ihr allein sein und mit ihr reden. Nach solchen Zeiten wurden die Hühner zutraulicher, das hatte ich schon öfter bemerkt.

Im Anschluss an die Suche kam mir folgender Gedanke: Wir suchen oft nach Sachen, die wir verlegt haben. Wie oft war ich schon auf der Suche nach dem Autoschlüssel, dem Hausschlüssel oder dem Geldbeutel. Dabei hatte ich sie nur im Haus verlegt. Sie waren da, aber ich hatte nicht richtig hingeschaut. Wir überfliegen in aller Hektik Dinge, ohne sie richtig wahrzunehmen.

Wie oft sind wir auf der Suche nach Sinn und Erfüllung im Leben? Viele Menschen wollen beim Suchen bleiben, damit sie sich ja nicht auf etwas festlegen müssen. Inmitten allen Suchens hat uns Gott schon längst gefunden, das dürfen wir freudig erkennen. Sind wir bereit, uns auf ihn einzulassen, auf den, der alles für uns gab?

Meine Hühner geben mir immer wieder neue Perspektiven für das Leben und erinnern mich an manches Wort aus der Bibel.

Kapitel 25

Rutschige Angelegenheiten und schwindelnde Höhen

Der Winter in diesem Jahr dauerte ziemlich lange. Irgendwann war zwar nicht mehr viel Weiß zu sehen, aber einige hartnäckige Eisflächen waren immer noch vorhanden. Von verschiedenen Leuten wusste ich, dass sie bereits auf solchen Flächen ausgerutscht und sich verschiedene Gelenke verstaucht hatten.

Meine Hühner waren recht freiheitsliebend, so musste ich immer abzählen, ob alle sieben auch noch vorhanden waren. Als ich an einem Sonntag meine Hühner wieder einmal besuchen wollte, fehlten einige von ihnen. Ich rief nach ihnen, und außer einer Henne kamen die übrigen sofort angeflogen und saßen artig vor mir. Ich war total erstaunt über den Gehorsam. Jede Einzelne konnte ich ins Gehege tragen. Nur meine liebe Trixi ließ sich nicht freiwillig einfangen. Sie war recht widerspenstig und riss gerne aus. So war es auch an dem besagten Tag. Ich war sehr verärgert darüber, wusste ich doch um unseren vereisten Steilrasen, den ich erklimmen und hinabsteigen musste, um sie vielleicht zu erhaschen, was eben nicht ganz einfach war. Nachdem ich vorsichtig ein paar Mal quer durch den Garten gelaufen war, befand sich Trixi in der Nähe des Stalls. Beinahe hatte ich sie gefangen, da rutschte ich auf einer herrlich glatten Eisfläche aus und knallte auf die linke Hand und die linke Hüfte. Ich war ganz verdutzt, ich hatte doch so sehr aufgepasst! Ausgerechnet an diesem Abend sollte ich in einem benachbarten Frauenkreis meine Hühnergeschichten vortragen. Da hatte ich ja gleich eine weitere Geschichte, die ich zum Besten geben konnte.

Da sich Trixi nicht fangen ließ, sperrte ich die restlichen Hühner ins kleine Freigehege und ließ das große Gehege offen. Kurze Zeit später stand die verlorene Tochter davor und wollte reingelassen werden. Nun konnte ich Trixi zusammen mit den anderen Hühnern doch noch in den Stall bekommen. Mir ist es wichtig, dass abends alle Hühner vollzählig im Stall sitzen, denn ich fühle mich verantwortlich für die, die mir anvertraut sind.

Dass mir eine weitere, aber ganz anders geartete Hühnersuche noch bevorstand, ahnte ich nicht im Geringsten.

Einige Zeit später war unsere Jüngste in Behandlung mit ihrem verstauchten Knie bei einem Physiotherapeuten. Als wir von solch einem Besuch heimkehrten, war es schon dunkel und ich wollte wie jeden Abend den Hühnerstall schließen. Beim Abzählen der Hühner kam ich nur auf vier. Nirgends waren die anderen drei Hühner zu finden. Beim Durchwandern unseres Gartens und dem des Nachbarn war ich auch nicht erfolgreich. Noch waren die Nächte recht kalt und ich wollte am nächsten Tag keine „Eishühner" vorfinden. So suchte ich weiter mit meiner Taschenlampe. Bald wurde ich fündig. Im gelagerten Stroh unter der Eingangstreppe sahen mich zwei Hühner mit müden Augen an. Sie hatten sich ganz gemütlich ins warme Stroh eingegraben. Problemlos ließen sie sich in den Stall zurücktragen. Ich staunte immer wieder über ihre Zutraulichkeit. Aber ein Huhn fehlte noch. Ich hatte keine Idee, wo ich noch suchen sollte. Meine neuen Hühner, die mittlerweile seit einem halben Jahr bei mir waren, hatten sich noch nie bei den übernächsten Nachbarn aufgehalten, sodass ich dort nicht zu suchen brauchte.

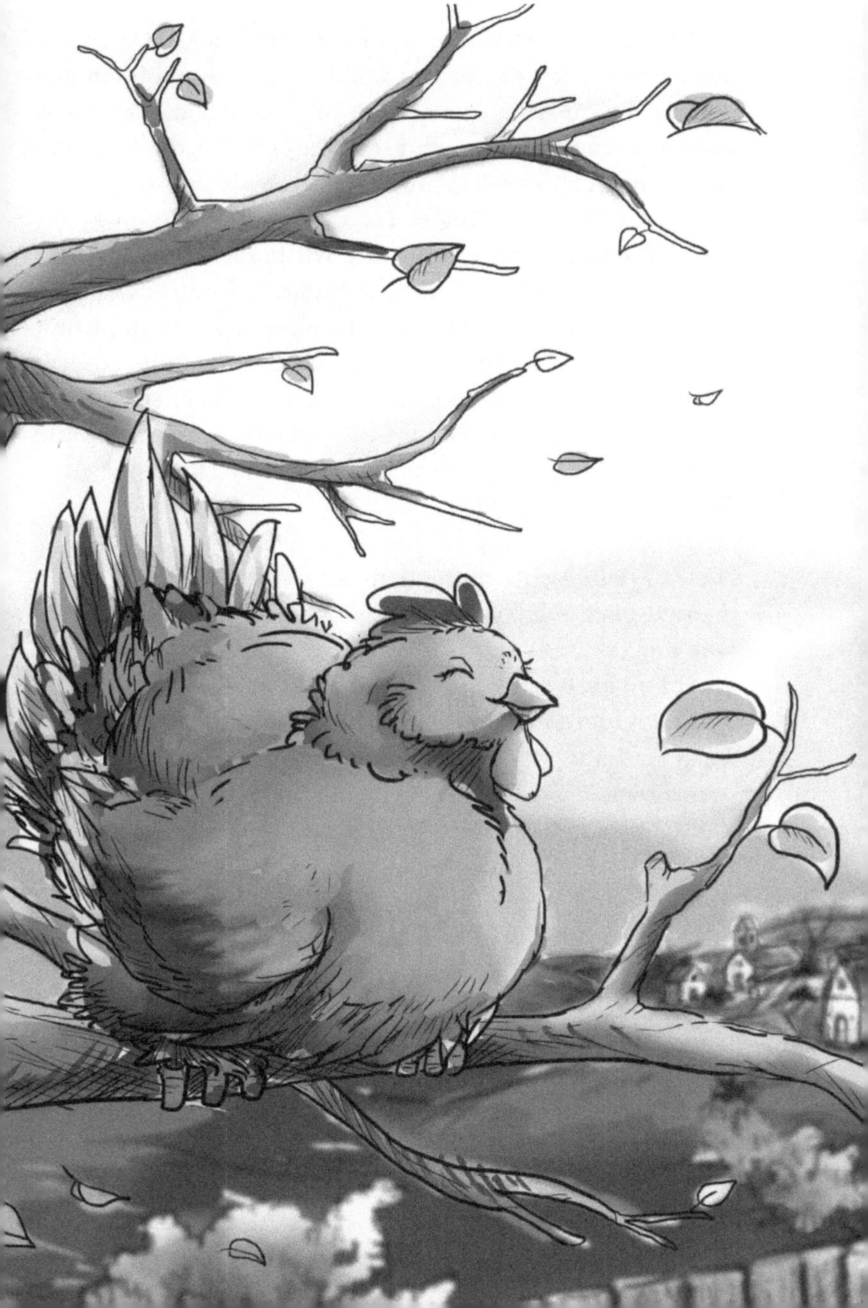

Plötzlich öffnete Esther das Badezimmerfenster und rief mir etwas zu. Ich dachte, sie wolle mich fragen, ob ich alle gefunden hätte. Nach kurzer Zeit verstand ich, dass sie etwas anderes meinte. Beim Herausschauen hatte sie das fehlende Huhn entdeckt. Es saß gemütlich oben im Walnussbaum auf einem Ast. Mir verschlug es fast die Sprache, als ich Huhn Nessi in schwindelnder Höhe sah. Wir holten eine hohe Leiter, und Esther hielt sie fest, während ich emporkletterte. Oben angekommen setzte ich mir Nessi auf den Kopf und kletterte mit ihr herunter. Wieder auf sicherem Boden brachte ich das Huhn in den Stall zurück. Wie glücklich war ich, alle wieder vereint zu wissen. Geschockt war ich, dass braune Hühner so hoch fliegen können. Dass weiße Hühner dazu in der Lage sind, wusste ich.

Dieses Erlebnis gab mir zu denken. Bei der Suche hatte ich meinen Blick nur nach unten gerichtet und hatte dadurch eine eingeschränkte Wahrnehmung. Wie oft ist unser Blickwinkel eingeengt, sodass wir schnell in eine Sackgasse geraten. Mit unseren menschlichen Lösungsvorschlägen sind wir rasch am Ende, wenn wir uns nur um uns selber drehen.

In Kolosser 3,2 heißt es: „Trachtet nach dem, was droben ist, nicht nach dem, was auf Erden ist." Damit ist sicher nicht gemeint, dass alle Antworten auf unsere Fragen auf Bäumen zu finden sind. Aber öfter mal mit himmlischer Hilfe zu rechnen, könnte uns nicht schaden! Oftmals begegnet uns Gott ganz anders, als wir es uns gedacht haben. Beziehen wir ihn doch in unser Leben mit ein und seien wir gespannt, wie er uns begegnet!

Der Spezialist der Täler

Du bist mein Hirte, dafür danke ich dir. Ich weiß mich bei dir beschützt und geborgen. Als Hirte kennst du deine Schafe, jedes mit seinen Eigenarten.

Du Spezialist der Täler versprichst, bei mir zu sein im dunklen Tal. Diesen Ort liebe ich überhaupt nicht. Sicher, hinterher bin ich dankbar für alle dort erlebten Erfahrungen. Aber wenn diese Wegstrecke auf meinem Lebensplan steht, kann ich sie nicht umgehen. Mir wird plötzlich neu bewusst, dass ich im dunklen Tal nicht allein bin, „und ob ich schon wanderte durchs dunkle Tal, bist du bei mir".

Wie schnell bin ich verbittert in diesen Tälern und fühle mich unverstanden und einsam. Ich möchte neu lernen, dort nach dir, mein Jesus, Ausschau zu halten. Wahrscheinlich bist du mir viel näher, als ich es meine. Öffne mir in den Tiefen die Augen für deine begleitende Gegenwart und hilf mir, dich auch dort als meinen Hirten zu erkennen.

Kapitel 26

Keine Hochzeit und ein Todesfall

Seit wenigen Tagen bemerkte ich eine Veränderung bei meinem ältesten Huhn. Es stand meist abseits der anderen. Auch fiel mir auf, dass sein bisher gut durchbluteter roter Kamm umgeknickt war und immer dunkler wurde. Mir wurde sofort klar, dass es wohl bald sterben würde. Dieses spezielle Huhn war das letzte der vorherigen Riege, es hatte seine früheren Kameraden Mrs Brown und Sweety um zehn Monate überlebt. Emily war ein großes und kräftiges Huhn. Ich liebte es, wenn ich so ein kompaktes Tier auf den Arm nehmen konnte. Sie war mir gegenüber sehr zutraulich. Auch führten wir abends oft Zwiegespräche. In ihrer Schlafhaltung oben auf dem kleinen Dach verständigten wir uns auf besondere Weise. Sie ließ sich den Schnabel streicheln und erwiderte meine Worte mit zarten Lauten. So hatte ich sie richtig lieb gewonnen, auch wenn sie schon seit einiger Zeit keine Eier mehr legte.

Nun war also auch ihre Stunde gekommen. Bevor sie am Abend starb, schleppte sie sich tagsüber noch auf die Wiese und blieb dort die ganze Zeit liegen. Gegen Abend trug ich sie in den kleinen Stall. Ich nannte ihn mittlerweile „Hospiz" oder „Jungbrunnen", je nach Situation. Entweder starben dort meine Hühner oder neue Junge kamen zum Eingewöhnen hinein. Auch für meine Tiere war mir ein würdiges Sterben wichtig. Ich bettete Emily auf Stroh, sang ihr ein Lied vor und betete. Auch sagte ich ihr, dass sie mir viel bedeutete und dass ich ihr dankbar war, wie sie die jungen Hühner ertragen hatte. Dieses Ritual war mir wichtig und half mir beim Abschiednehmen.

Zwei Stunden später kam unser Sohn vom Jugendkreis zurück. Ich bat ihn, mit zum Stall zu kommen, damit er Emily noch einmal sehen konnte. Als ich das Huhn anfasste, bemerkte ich sofort die Totenstarre. Ich brauchte dafür keinen Totenschein vom Arzt. Also konnten wir gleich mit der Beerdigung beginnen. Daniel grub ein Loch am Zaunrand, und ich legte Emily hinein. Er betete und dankte auch, welche Freude seine Mama durch dieses Huhn erlebt hatte. Danach sprachen wir das Vaterunser, und währenddessen liefen uns die Tränen über die Wangen. Nicht nur ich war ein richtiger Tierfan, auch Daniel besaß eine große Tierliebe. Für mich war dieser Abschied von dem Huhn noch schmerzvoller, weil ich gleichzeitig daran denken musste, dass ich Daniel bald loslassen müsste, weil er ein soziales Jahr in Israel machen wollte. Er musste wohl gemerkt haben, wie schwierig die Situation für mich war, denn als wir beide ins Haus marschierten, sagte er mir, dass er mich lieb habe. Ich antwortete, ich hätte ihn auch lieb. Schön, wenn man sich das in der Familie sagen kann.

Am nächsten Tag reinigte ich das Häuschen, in dem Emily gestorben war, und legte den restlichen vier Hühnern eine neue Strohdecke zum Schlafen hin. Gerne wollte ich auch neue Hühner haben, aber noch nicht gleich. Ich wusste, dass ich mich dann intensiv um sie kümmern müsste, damit es mit den Hühnern, die ich jetzt noch hatte, wieder gut klappte. Dafür hatte ich nur leider keine Zeit. Mein eigener runder Geburtstag stand bevor. Neue Hühner zu einem späteren Zeitpunkt würden dann noch mal ein eigenes Fest sein!

Veränderungen sind das tägliche Brot. Wie oft habe ich diesen Abschiedsschmerz schon erfahren. Doch bei jedem Huhn war der Schmerz anders. Jedes Huhn war schließlich ein Original. Ebenso ist auch jeder Mensch ein Original. Und wenn wir einen lieben Menschen loslassen müssen, ist es gut, auf diesem Weg gute Freunde um sich zu haben, die einen begleiten. Wohl dem, der dies erfahren kann. Über allem steht unser Gott, der Herrscher über Tod und Leben. Ihm wollen wir jeden Tag unser Leben anvertrauen.

Kapitel 27

Huhn und Himmel

Eine überlieferte Geschichte, die mich selber sehr betroffen machte, möchte ich weitergeben:

Ein Knecht eines Bauern hatte verbotenerweise vor dem Stall der Tiere geraucht. Plötzlich brannte der Stall. Der Bauer merkte es erst spät, alarmierte die Feuerwehr und öffnete die Stalltür. Seinen Tieren sollte damit die Flucht aus dem Inferno ermöglicht werden. Endlich hatten vermeintlich alle Tiere den Stall verlassen. Die Feuerwehr kam und löschte den Brand. Doch inzwischen war das ganze Gebäude herabgebrannt. Als der Bauer seine Tiere zählte, bemerkte er, dass seine beste Glucke, die gerade kleine Küken hatte, fehlte. Er durchsuchte den Brandherd und staunte nicht schlecht. Völlig verkohlt fand er die tote Glucke an einer Stallwand vor. Bei genauerem Hinsehen sah er die Flügel dieses Tieres merkwürdig wackeln. Er hob das tote Tier von seiner Stelle. Unter den Flügeln entdeckte er die Küken. Sie hatten den Brand unbeschadet überlebt.

Ist es nicht immer wieder so, dass Gott seine Flügel rettend über unserem Leben ausbreitet? Wie oft lassen wir einander im Stich! So kann uns eine einfache Glucke zum Hinweis werden auf Jesus, den Retter und Erlöser, der am Kreuz sein Leben für uns ließ, damit wir in alle Ewigkeit leben können.

Mit dir durchs Leben

Da, wo wir unsere Wünsche aufgeben und unsere Pläne dir übergeben, schlägt deine Stunde.

Da, wo wir drohen unterzugehen und keinen Strohhalm zum Festhalten mehr finden, steht für uns deine Hilfe bereit.

Da, wo wir ohne Hoffnung sind und alles ringsherum zerbricht, möchtest du uns einen Neuanfang mit dir schenken.

Da, wo Krankheitswellen über uns hereinschlagen, dürfen wir mit dir kleine Wunder entdecken.

Da, wo dicke Mauern zwischen uns und unserem Nächsten stehen, gibst du uns Fantasie und Liebe, ihn dennoch nicht aufzugeben.

Da, wo eine Krise die andere in unserem Leben ablöst, erfrischst du uns mit Zeichen deiner Liebe.

Da, wo wir uns wertlos vor dir vorkommen, erinnerst du uns, dass wir es dir wert waren, dass du für unsere Sünden gestorben bist.

Da, wo wir keinen Ausweg mehr sehen, lässt du uns teilhaben an deiner Auferstehungshoffnung.

Kapitel 28

Schneeberge, Winterdienst und vier Eier

Seit Tagen bewältigten meine Schneeschaufel und ich Unmengen von Schneeflocken. Das Resultat für mich waren starke Armmuskeln, rote Bäckchen und Rückenblockaden. Und jeden Tag war es dasselbe: Morgens, mittags und abends schneite es. Aber andererseits war es dafür in den Häusern urgemütlich. Eine geheizte Stube, warmer, duftender Tee, eine helle Kerze, eine heiße Dusche vor dem Schlafengehen und nicht zu vergessen die wunderbare Bettflasche – all das gab es nur im Winter.

Zu meinen vier gefiederten Damen jeden Morgen zu stapfen war ein Riesenaufwand. Bewaffnet mit Wasser und Körnern, hohen Gummistiefeln, Mütze und Jacke trat ich die Reise an. Der Stall befand sich zwar direkt hinter dem Haus, aber bei jedem Schritt versank ich bis zu den Knien im Schnee. Mittlerweile drängten sich die Hühner nicht mehr ins Freie, denn der weiße Schnee blendete sie.

Dann war Ausmisten angesagt, und frisches Futter musste ich den Hühnern auch hinstellen, darüber freuten sie sich. Ich staunte, wie viel Wasser sie trotz der Kälte tranken. An diesem Tag wurde ich mit vier Eiern beschenkt, für Damen im Alter von eineinhalb Jahren war das nicht mehr selbstverständlich. Ihr Gefieder war im Winter besonders dicht, so richtig zum Knuddeln, was ich auch immer wieder tat.

Als ich später am Tag in die nächste Stadt im Tal fahren wollte, befand sich plötzlich ein großes Auto vor mir, das ein Schild mit der Aufschrift „Winterdienst" trug. Erst ärgerte ich mich, weil ich es eilig hatte und das Auto so langsam fuhr. Dann wurde mir dessen Schutz für mich bewusst. Vor mir wurde von diesem Auto aus Salz gestreut und der Schnee beseitigt. Eigentlich ging es mir gut, ich wurde versorgt und beschützt. Im Tal angekommen, nickte ich dem Fahrer freundlich zu, dieser freute sich über den Gruß.

Manchmal hat uns ein gebremstes Leben etwas zu sagen. Wenn wir aus welchem Grund auch immer „ausgebremst" werden und zur Ruhe kommen können, wird es wieder leichter, über das Leben nachzudenken und darüber, was uns alles selbstverständlich geworden ist. Gibt es nicht einen fürsorglichen Gott, der über uns wacht, der uns durchträgt durch Phasen unseres Lebens, die für uns schwer sind? Nicht immer gibt es für alles eine Spontanheilung und Sofortlösung. Gerade in den Spannungszeiten möchte uns Gott als der liebende Vater begegnen, der uns Schritt für Schritt zur Seite steht, uns versteht und uns nahe sein möchte. Seine Liebe ist eine andere als die menschliche Liebe. Er hält aus und durch, hat für uns das Äußerste gelitten aus Liebe. Macht das nicht immer wieder Mut, uns diesem großen Gott anzuvertrauen?

Stürmische Winterzeiten

Nach einer stürmischen Regennacht mit klappernden Fensterläden und zugigen Fensterritzen hat sich das Bild gewandelt. Der Sturm ist zwar geblieben, aber die Nacht ist dem Tag gewichen. Aus durchsichtigen Regentropfen sind weiße Schneeflocken geworden. Diese werden willenlos vom peitschenden Sturm durcheinandergetrieben.

Wie gut, dass wir keine Zufallsprodukte sind, die willkürlich auf dem Erdball schweben und von Stürmen gejagt werden. Wir sind von Gott gewollt und geliebt. Deshalb dürfen wir uns in den Stürmen unseres Lebens bei ihm geborgen wissen.

Kapitel 29

Zuwachs

Nachdem ich wochenlang meine vier übrig gebliebenen Hennen brav miteinander den Tag verbringen sah, wollte ich ihnen und mir etwas Jungblut verschaffen. Vorher musste ich aber noch den Stall für den Zuwachs vorbereiten und ausmisten. Meine alte Bobby war so aufgeregt und stand mir ständig im Weg, um zu sehen, was ich tat. Einen Tag, bevor ich die vier neuen Hühner kaufte, fand ich plötzlich drei ganz feste Eier im Stall. Es war so, als wollten mir die alten Hühner sagen: „Wir sind auch noch fit, reichen wir dir nicht aus?" Das gab es schon lange nicht mehr. So erlebte ich immer wieder eine Überraschung.

Mit einem Tierliebhaber, der auch Hühner kaufen wollte, machte ich mich dann auf in die benachbarte Geflügelfarm. Er nahm fünf Hühner und ich kaufte vier Hühner, die 19 Wochen alt waren. Mein lieber Mitfahrer beringte meine neuen Hühner und verwendete wieder unterschiedliche Farben, damit ich sie namensmäßig auseinanderhalten konnte. In großen Kartons brachten wir unsere Tiere in ihre Ställe.

Für mich sind Rituale sehr wichtig, das führten wir schon bei unseren Kindern durch. So nahm ich jedes neue Huhn auf den Arm, begrüßte es und wünschte ihm Gottes Segen für die Zeit bei uns. Die Namensfindung machte richtig Freude. Weil alle meine Hühner für mich etwas ganz Besonderes sind, brauchten sie natürlich auch spezielle Namen: *Emma* heißt diejenige, die mir gleich aus der Hand fraß. Der Name kann „die Fleißige", „die starke Kämpferin" bedeuten oder auch „allumfassend, groß". *Cady* stammt von Cathrin aus dem Walisischen und trägt die Bedeutung „die Reine". *Hope* ist aus dem Englischen und mit „Hoffnung" zu übersetzen. Der Name *Grace* kommt ebenfalls aus der englischen Sprache und bedeutet „Gnade". Es war wunderbar, jedes Huhn persönlich mit seinem Namen ansprechen zu können. Auch wir Menschen sind nicht einfach eine Nummer, sondern jeder ist ein Original.

Erst ließ ich die Neulinge allein im Stall. Als es dunkel wurde, wollten die Alten schlafen gehen. Problemlos hüpften sie auf das Dach und ließen sich zum Schlafen nieder. Als Überraschung setzte ich ihnen eine der Neuen, Cady, dazu. Vorher hatte ich alle mit Alkohol eingerieben. Erfahrene Geflügelhalter gaben mir wie schon erwähnt diesen Tipp. Dann würde das Fell von allen gleich riechen. Das Gefieder von neuen Hühnern riecht so gut, so frisch und unverdorben. Ich genieße es jedes Mal, wenn ich neue Hühner habe.

Wie es am nächsten Tag untereinander zugehen würde, blieb abzuwarten. Immerhin waren die älteren Hühner bereits zwei Jahre bei uns und hatten somit einen gewaltigen Erfahrungsvorsprung gegenüber den Neuzugängen. Aber ich war glücklich, dass sich meine Hühnerschar noch vergrößert hatte.

„Glück ist, das tägliche Leben zu inhalieren!" Ja, das konnte ich bestätigen. Und heute war ich glücklich!

Kapitel 30

Schneegeheimniserlebnisse

Fasziniert verfolgte ich, wie der Wind den Schnee von den Dächern trieb. Sanft glitt er durch die Luft. Unaufhörlich, als gäbe es einen unbegrenzten Vorrat, fiel eine Schneeflocke nach der anderen vom Himmel herunter und schmückte das Erdreich mit einem schönen Weiß.

Dabei musste ich an die Schneetage unserer Kinder zurückdenken. Damals, als sie noch im Garten spielten und sich über jede Schneeflocke freuten, war der Winter etwas ganz Besonderes. Schnee-Iglus wurden gebaut und mit dem Meterstab ausgemessen, ob auch alle Kinder hineinpassten. Abends kamen glückliche Kinder mit pitschnassen Schneeanzügen, knallroten Wangen und hungrigen Mägen ins Haus. Diese wurden mit heißem Kakao und Grießbrei gefüllt. Ein heißes Bad vertrieb alle Kälte und bereitete auf einen gesunden Schlaf vor.

Der Pfarrstellenwechsel meines Mannes im Jahr 2004 verschlug uns in den Schwarzwald nach Marschalkenzimmern, wo es im Winter längere Schneeperioden gibt. Durch lange Schulzeiten und andere Aktivitäten gab es solche oben erwähnten Schneespielzeiten bei uns nur noch selten. Als ein junger Mann, den unsere beiden Jüngeren vom Jugendkreis kannten, ganz plötzlich durch einen Verkehrsunfall starb, fand ich beide wieder in ihren Schneeanzügen im Garten vor. Sie waren so tief betroffen von diesem tragischen Todesfall, dass sie sich gegenseitig ganz neu zu schätzen wussten und etwas miteinander unternehmen wollten. „Engelchen im Schnee" war angesagt und Schneebälle flogen durch die Luft. Dies alles geschah aus einer bewussten Haltung des dankbaren Miteinanders.

Unsere Hühner gingen recht locker mit dem weißen Nass um. Vier von ihnen erlebten den Schnee zum ersten Mal in ihrem Leben. Wegen der Kälte brauchten sie öfter warmes Wasser. Außerdem legte ich neues Stroh im Stall aus. Darauf konnten sie sich kuscheln oder damit spielen. Gerne fraßen sie auch Schneeflocken.

Auf ihrem Eierlegeplatz durfte ich trotz der Kälte täglich etliche Eier einsammeln. Ich war begeistert über diese Geschenke. Meistens verschenkte ich sie an andere. Darüber freute ich mich und auch derjenige, der sie bekam. So war es eine doppelte Freude. Ein kleiner Nachteil war, dass es auf diese Weise durchaus vorkommen konnte, dass ich selber keine Eier mehr hatte und Nachbarn um welche bitten musste, wenn ich für Überraschungsbesuch noch schnell etwas backen wollte.

Als ich eines Morgens im schneereichen Winter zum Stall stapfte und ausmistete, hüpfte ein Huhn vor meinen Augen in die Dachkammer des kleinen Ställchens. Dort befanden sich etwas Stroh, eine Schaufel und Maiskörner in einer Tüte. Ich traute meinen Augen nicht. Auf dem wenigen Stroh lagen drei Eier, das war eine richtige Weihnachtsüberraschung für mich! Eine Packung Eier von eigenen Hühnern, auf denen noch eine Weihnachtsbotschaft geschrieben ist, wer könnte solch ein Geschenk toppen? Mein Huhn Grace wollte sie mir wohl zeigen, denn kurz danach hüpfte sie wieder hinunter.

Ich habe schon öfter erlebt, dass meine Hühner ihre Geheimnisse haben. Als unser Gemeindehaus gebaut wurde, wunderte ich mich, dass die Anzahl der Eier immer weniger wurde. Damals ließ ich die alten Hühner noch im Garten herumlaufen. Da bemerkte ich, wie sie immer ganz unruhig wurden, wenn ich sie in die Freiheit schickte. Ich lief ihnen nach und entdeckte mitten auf der Baustelle ein großes Eiergelege. Leider lagen die Eier schon tagelang in der heißen Sonne, sodass ich sie entsorgen musste, was mir leidtat.

Auf dem Misthaufen meines Nachbarn entdeckte ich auch einmal ein Ei, ebenso unter unserer Eingangstreppe. Dort befand sich etwas Stroh und die Hühner hatten darin einige Eier versteckt. Es war herrlich, welche Entdeckungen ich immer wieder dank meiner Hühner machen durfte.

Gott ist groß, er gibt gerne
und oft im Übermaß.

Adventliche Besinnungslosigkeit

Man rennt und rennt,
man kauft und rauscht
durch die Läden,
ohne viel zu reden.

Eine Hast ohne Rast,
viel irdisches Getümmel
ohne Blick zum Weihnachtshimmel.

Keiner lauscht,
Geschenke werden getauscht.
Gegessen wird Braten
nach den vielen Taten.

Der Weihnachtslärm ist laut,
wohin man auch schaut.
Vieles wird unter den Teppich gekehrt,
so entstehen Missverständnisse vermehrt.

Das Kind in der Krippe ist leise,
seine Eltern hatten eine schwere Reise.
Ganz einfach ist es gebettet in Stroh,
soll da ein Baby werden froh?

Haben wir uns schon die Frage gestellt,
heut' würde man sagen: Ich hab dir gemailt!
Was sollen wir ihm als Geschenk geben?
Wer hätt's gedacht: Es möcht' unser Leben!

Kein Silber, kein Gold, nur unser Herz
zusammen mit all unserem Schmerz.
Ein Helfer zum Leben wächst da hervor,
würden wir ihn nicht lieben, wär'n wir ein Tor!

Drum stehen wir staunend vor der Krippe im Stall
und wünschen uns frohe Weihnacht überall,
denn Christ ist geboren für jeden von uns,
dies zu glauben ist eine himmlische Kunst.

Kapitel 31

Ausgetrixelt

Mal wieder stand ein Wohnortswechsel an. Dieses Mal zogen wir mit der Familie nach Baiersbronn. Bald hatten nicht nur wir uns eingelebt, sondern auch die fünf Hühner Trixi, Hope, Emma, Cady und Grace. Die anderen Hühner, Bobby, Nessi und Glory, lebten leider nicht mehr. Unser Federvieh wurde fleißig von den Nachbarn mit ernährt. Eine liebe Nachbarin sagte mir, sie koche extra immer etwas mehr, damit die Hühner auch etwas abbekämen. Dass meine Hühner wieder einmal Beziehungsbande knüpften und zu Gesprächen anregten, freute mich sehr.

Seit einiger Zeit beobachtete ich, dass zwei Krähen regelmäßige Besucher im Freigehege waren. Auch für sie fiel etwas vom Futter ab. Mutig verscheuchten die Hennen sie immer wieder, wenn es ihnen zu viel wurde.

Mein ältestes Huhn, Trixi, war schon drei Jahre. So alt war bisher keines meiner Hühner geworden. Früher machte Trixi Probleme, weil sie immer Eier ausbrüten wollte. Das war aber nicht möglich, da die Eier nicht durch einen Hahn befruchtet wurden. Solche Hennen, die diesen Nesttrieb verspüren, nennt man „Glucke". Damals wurde mir geraten, Trixi in den Keller zu tun, wo es dunkel und kühl war. So sollte sie ihren erhitzten Unterleib abkühlen. Immer wieder musste ich sie an die frische Luft lassen, damit sie ihr Geschäft verrichten konnte. Das Ganze dauerte etwa eine Woche und beanspruchte einiges meiner Zeit und Zuwendung. Aber es half. Danach legte Trixi wieder ihre Eier ins gebaute Nest und lief fröhlich umher.

Leider hackte sie auch viel auf Neuankömmlingen herum. Trixi nahm die sprichwörtliche Hackordnung sehr ernst und zeigte so, dass die Älteste das Sagen hatte. So mussten Hope, Emma, Cady und Grace sich ihr unterordnen. Wenn ich dabei war, mischte ich mich ein. Mir fiel auf, je älter Trixi wurde, umso anschmiegsamer wurde sie. Sie blieb sogar auf dem Arm sitzen und kuschelte. Nach dem Umzug nach Baiersbronn verlor sie viele Federn. Aber schon nach kurzer Zeit hatte sie wieder ein volles, glänzendes Gefieder.

Eines Morgens fand ich Trixi auf dem Strohnest sitzen. Ungefähr alle vier Wochen entdeckte ich von ihr noch ein Ei, das war jedes Mal ein Fest. Somit dachte ich, dass das vielleicht wieder der Anlass wäre. Ich durfte sie streicheln, sie war richtig zahm. Als nach einiger Zeit kein Ei von ihr zu finden war, setzte ich sie ins Freigehege. Einige Stunden später schaute ich nach ihr und fand sie tot ausgestreckt unter dem kleinen Schlafställchen im Freigehege liegen. Natürlich wurden wieder meine Augen feucht. Ich hatte Trixi drei Jahre versorgt und einiges mit ihr erlebt. Das verband. Die Beerdigung fand am Bachufer statt. Eine Krähe beobachtete mich dabei. Was sie wohl dachte?

So schnell wie Trixi war noch keines meiner Hühner gestorben. Viele von ihnen waren vorher eine Zeit lang krank gewesen. Durchfälle führten bei den meisten Hühnern zum Tod. Nicht ganz so überrascht war ich, dass Trixi sich unter das kleine Ställchen gelegt hatte. Schon oft hatte ich erlebt, dass Tiere sich zum Sterben zurückzogen.

Dabei musste ich daran denken, dass auch jeder Mensch sein eigenes Sterben hat. Eine alte Dame sagte einmal im Krankenhaus zu mir: „Warum muss der letzte kurze Weg so lang sein?" Wir haben es nicht in der Hand. Wir wissen nicht um unser Ende, aber wir wissen, dass es einmal kommen wird.

Das soll uns helfen, bewusster mit unserer Zeit, unseren Beziehungen und unserem Leben umzugehen. Ich las einmal den Satz: „Sterben ist die andere Seite des Lebens!" Das zeigt, dass Leben und Sterben die zwei Seiten einer Medaille sind. Unsere begrenzte Zeit steht in Gottes Hand. Er hat die Übersicht und weiß, wann was dran ist. An diesem Wissen dürfen wir uns immer wieder festhalten.

Ich deckte Trixis Grab mit heruntergefallenen Blättern ab, damit die Marder es nicht wieder aufwühlten. Dabei musste ich an das *Herbstgedicht* von Rainer Maria Rilke denken:

Die Blätter fallen, fallen wie von weit,
als welkten in den Himmeln ferne Gärten;
sie fallen mit verneinender Gebärde.

Und in den Nächten fällt die schwere Erde
aus allen Sternen in die Einsamkeit.

Wir alle fallen. Diese Hand da fällt.
Und sieh dir andre an: es ist in allen.

Und doch ist Einer, welcher dieses Fallen
unendlich sanft in seinen Händen hält.

Kapitel 32

Freilaufgehege-Impressionen

Seit unsere Hühner mit uns nach Baiersbronn umgezogen waren, staunte ich jeden Tag aufs Neue. Vorher hatten sie eine steile Hanglage als Auslauf und tobten sich den ganzen Tag darauf aus. Bei Stürmen und starken Regenzeiten sperrte ich das Tor dazu ab, sodass sie sich nur innerhalb des Freigeheges bewegen konnten. Natürlich konnten sie auch jederzeit in ihren Stall, wo sie bei schlechtem Wetter Geborgenheit fanden. Der Grasboden dieses Freigeheges war schon nach kurzer Zeit abgefressen. Matschige Erde war bei Regen oder bei tauendem Schnee vorzufinden. Hühner fressen tatsächlich jedes Grashälmchen ab. Normalerweise müsste man ihnen ständig einen neuen „Weideplatz" anbieten. Da dies meist nicht möglich ist, buddeln sie in der vorhandenen Erde und freuen sich auf frische Salatblätter, wenn sie keine weitere Wiesenauslauffläche haben. Ein hilfsbereiter Nachbar war sofort zur Stelle, wenn es etwas auszubessern gab – welch ein Geschenk! Da er ebenfalls sehr tierlieb war, hatte er immer wieder eine neue Idee, den Hühnern eine Freude zu bereiten.

Nach unserem Umzug war im neuen Gehege innerhalb kurzer Zeit das vorhandene Gras abgepickt. Das Gehege hatte dieses Mal keine Hanglage, sondern stand eben neben einem an unserem Garten vorbeifließenden Bächlein. Ich schmunzelte immer wieder, wenn ich die Hühner innerhalb des Zaunes entdeckte, wie sie wie meditierend zu dem Wässerchen schauten. Mein Mann kam auf die Idee, Grassamen

Nachwort

Ich bin sehr dankbar für meine Erfahrungen mit meinem Federvieh. Meine jetzigen Hühner heißen Chili Pepper, Chanel, Sandy, Sheila und Hope. Die Älteste, Hope – sie legt immer noch Eier –, ist ein Beweis dafür, dass die Hoffnung zuletzt stirbt! Denn *Hope* heißt übersetzt „Hoffnung".

Die Hühner bereichern mein Leben und lehren mich ständig neue Dinge. Als wir Hühner und Hahn geschenkt bekamen, fing ich an, neu über das Leben nachzudenken. Ich brachte viele Alltäglichkeiten und lebendige Einsichten über Gott mit ihnen in Verbindung. Manchmal war es fast so, als würde mir Gott im Hühnerstall begegnen.

Ich bin dankbar, dass Gott mir eine Liebe zu diesen Tieren geschenkt hat. Hoffentlich werde ich noch lange an ihnen Freude haben.

Mein Hirte

Du, Herr,
willst mein Hirte sein.
Ich bin dir wichtig, du willst dich um mich kümmern.

Du, Herr,
wirst mein Hirte,
wenn ich den Weg nicht weiß und Hilfe brauche.

Du, Herr,
bist mein Hirte, nicht nur für ein paar Jahre
oder für einen bestimmten Lebensabschnitt.

Du, Herr,
bleibst mein Hirte,
auch dann, wenn ich dich nicht sehe
oder wenn ich deine Wege nicht verstehe.

Du, Herr,
hast als mein Hirte die Übersicht.
Dir ist mein Zaudern und Zagen bekannt,
trotzdem darf ich mich deiner Führung anvertrauen.

Du, Herr,
sehnst dich als mein Hirte
nur nach meiner Hand,
die dir sagt: „Ich folge dir und vertraue dir!"

auf den entgrasten Boden zu werfen. Da unsere Wiese durch den Bach und wahrscheinlich auch durch die vielen Quellen, die es an dem Ort gab, sehr feucht war, gingen diese Samen schon nach kurzer Zeit auf. Mit der Zeit erblühte ein beständiges Grün innerhalb des vorher so öden Geheges. Somit stand meinem Federvieh permanent ein saftiges Grün zur Verfügung. Das Gießen geschah über Nacht von ganz allein oder, wie man auch sagen könnte, durch unseren „himmlischen Gärtner". Dabei musste ich an die Worte aus Psalm 23 denken: „Er weidet mich auf einer grünen Aue."

Der christliche Schriftsteller C. S. Lewis sagte einmal, dass er sich die Ewigkeit vorstelle wie einen ständig gedeckten Tisch. Immerzu ist Nahrung darauf vorzufinden. Wir werden keinen Mangel mehr haben.

Daran musste ich denken, als ich meine Hühner beobachtete. Der Anblick ihres grünen Freigeheges gab mir einen winzigen Vorgeschmack auf die verheißene Ewigkeit.